主　编　傅文选
副主编　隋爱雯　李海燕　张红杰　辛璀璀
　　　　王　艳　邢召伟　王　晨　韩晓静

中国海洋大学出版社
·青岛·

图书在版编目（ＣＩＰ）数据

游戏，点亮童年/傅文选主编. — 青岛：中国海洋大学出版社，2020.5

ISBN 978-7-5670-2502-8

Ⅰ.①游… Ⅱ.①傅… Ⅲ.①游戏课—教学研究—学前教育 Ⅳ.①G613.7

中国版本图书馆CIP数据核字(2020)第081926号

出版发行	中国海洋大学出版社
社　　址	青岛市香港东路23号　　邮政编码　266071
出 版 人	杨立敏
网　　址	http://pub.ouc.edu.cn
订购电话	0532-82032573（传真）
责任编辑	王　慧
装帧设计	光合时代
印　　制	北京虎彩文化传播有限公司
版　　次	2020年6月第1版
印　　次	2020年6月第1次印刷
成品尺寸	170mm×240mm
印　　张	9.75
印　　数	1-1000
字　　数	183千
定　　价	48.00元

如发现印装质量问题，请致电010-84720900，由印刷厂负责调换。

序 Preface

游戏，散发青草的味道

《游戏，点亮童年》付梓，嘱我作序。这是多位从事一线学前教育的老师的论文集，是几年来青岛市"快乐游戏工作室"的名师们关于游戏实践探索的记录和反思，细细读来，有浓浓的青草芳香，凝结着每位老师的游戏实践智慧。

说起"游戏"，每一位幼儿园老师都不陌生。"以游戏为基本活动""珍视游戏和生活的独特价值"等理念伴随着幼儿园课程改革的推进已深入人心，并被尝试着渗透到教育教学的各个环节。既然是以"游戏，点亮童年"为主题，自是以游戏为主打。展读本书，似嗅芳草，亮点频现。

该书对游戏的内涵进行了全面的解读，并运用到幼儿园教育教学的各个方面。在各位老师看来，游戏既是一种精神，也是一种活动方式，还是一种教学手段。老师们将其运用到园本课程建设、集体教学活动、户外活动、生活活动中，很好地回答了一些重要问题。例如，怎样处理自主游戏与教学之间的关系；如何支持幼儿的户外混龄游戏；创设什么样的游戏环境更能激发幼儿的主动学习，等等。相关经验的总结，可以丰富这些问题的答案，可为同行提供有益的借鉴。

该书对游戏的靶向有精准把控。从内容看，老师们十分关注幼儿的"学"，实现了"教"与"学"的相互促进。老师们对于幼儿在游戏中的表现进行了仔细的观察和合理的评价，尤其对幼儿在活动中的"游戏性表现"进行了较为深入的分析，这为提高游戏指导的有效性奠定了基础。老师们走近幼儿，读懂幼儿游戏的行为和心理，体现了学前教育的基本规律，有助于克服只见"游戏"而不见"幼儿"的弊端，更好地发挥游戏促进幼儿全面发展的作用。书中各位老师的实践都体现出了"以学为中心"的特点，老师真正成为幼儿游戏的陪伴者、指导者和激励者。

该书对游戏的思考有独到见解。书中对游戏实践的研究，充分体现了幼儿园老师作为"反思型实践者"实践、反思、再实践、再反思，从而循环往复的行动研究特点。书中各位老师的研究都是从解决教育教学实践问题出发，在借鉴相关理论或团体讨论的基础上设计方案并实施，观察活动的实际效果，进行改进。这一立场值得所有幼儿园老师坚守。那些所谓的"大文章""深奥的语言"不一定值得推崇，真正有价值的研究应该是大家都看得懂、能从中得到启发、能实际运用的。该书的语言通俗易懂，记录了各位老师用游戏点亮童年的所思、所想、所做，切实、朴实、真实。

我经常会看到幼儿园老师撰写的文章，深深体会到许多老师"为啥写的不如做的好"的困惑。建议各位老师能继续进步，更加有效地用专业的思维、流畅的文字表达自己的专业研究成果。

王芳

2020年2月18日

目录 Contents

教学方法篇

003 · 幼儿美育活动中的游戏性
　　　青岛市文登路幼儿园 / 王晨

011 · 幼儿园音乐教学游戏化的实践与探究
　　　青岛市崂山区实验幼儿园 / 隋爱雯

047 · 幼儿教学活动中的游戏性
　　　青岛市文登路幼儿园 / 王晨

快乐户外篇

055 · 教师支持幼儿进行户外混龄自主游戏的策略
　　　青岛市李沧区青峰路幼儿园 / 王艳

059 · 趣味足球　欢乐童年
　　　青岛市城阳区顺德居幼儿园 / 张红杰

065 · 幼儿园"畅玩"户外混龄游戏的构建与实施
　　　青岛市即墨区实验幼儿园 / 李海燕

075 · 幼儿园情境性户外自主游戏的研究
　　　青岛市城阳区顺德居幼儿园 / 辛璀璀

087 · 户外混龄自主游戏中教师支持策略的研究
　　　青岛市李沧区青峰路幼儿园 / 王艳

观察发现篇

099 · "结"锁童心 "构"画童趣
　　青岛市市北区广和幼儿园 / 邢召伟

106 · 观察与发现三联看
　　胶州市实验幼儿园 / 韩晓静

课程建设篇

121 · 将"游戏精神"融入课程建设中
　　——构建幼儿园"葆真养正"课程体系的研究
　　青岛市城阳区顺德居幼儿园 / 傅文选

133 · 葆有儿童天真 玩出游戏童年
　　——"葆真养正"课程中情境性户外活动的探索与实践
　　青岛市城阳区顺德居幼儿园 / 张红杰

138 · 多方协同 快乐衔接 正确打开幼小衔接主题
　　青岛市城阳区顺德居幼儿园 / 傅文选

家园合作篇

145 · 家园携手共育 用游戏点亮快乐童年
　　青岛市城阳区顺德居幼儿园 / 张红杰

教学方法篇

幼儿美育活动中的游戏性

青岛市文登路幼儿园 / 王晨

美的基本形态包括自然美、社会美、艺术美。美育即审美教育。幼儿美育即根据幼儿身心特点，利用美的事物，通过组织幼儿的审美活动来培育幼儿感受美、欣赏美、表现美、创造美的情趣和能力的教育活动。幼儿美育的目标是培养幼儿初步的感受美和表现美的情趣和能力。本文将从美术、音乐、图画书阅读三方面谈美育活动与游戏的结合。

一、幼儿美术活动的游戏性

幼儿正处于思维能力开发的初始阶段。在此阶段进行美术活动，如果采用传统的模仿式教学，很容易使幼儿丧失学习兴趣。增加美术活动的游戏性，一方面，可以吸引幼儿的注意力；另一方面，可以培养幼儿的综合能力。

（一）题材选择游戏性

1. 身边题材

幼儿教师在设计美术活动时，可以选择幼儿生活中常见题材，以此提高幼儿参与的积极性。例如，某幼儿教师在进行"春天花草"相关美术活动时，引导幼儿联想周边花草以及在电视中见到的花草模样，由幼儿自由发挥进行花草创作。在绘画过程中，教师可以鼓励幼儿用手指作为画笔进行创作，幼儿为了画出心中所想象的花草，会充分利用手指的灵活性在纸上涂抹。幼儿绘画时，教师可以与幼儿一起讨论怎样利用手指组合来画出最美的花草。幼儿在教师引导下，充分发挥自身的想象力，结合游戏的乐趣，可以激发幼儿对于美术活动的兴趣，有效提高美术活动的教学效果。

2. 趣味材料

幼儿年龄较小，对新鲜事物的兴趣在维持一段时间后便会降低。教师在教学过程中，可以使用各种趣味材料来制造惊喜，以此保持幼儿的学习兴趣。例如，幼儿教师可以为幼儿提供不同类型的蔬菜，让他们进行印画，以此帮助幼儿感受蔬菜特有的纹理；可以为幼儿提供火柴棒，由幼儿发挥想象力，制作火柴画；也可以为幼儿提供橡皮泥，让他们自由组合，制作工艺品。趣味材料的使用可以充分调动幼儿的学习热情。

（二）活动导入游戏性

1. 创设情境

幼儿教师在进行美术活动导入时，可以根据教学内容创设情境，营造愉快的学习氛围，使幼儿的学习兴趣得到进一步提高。例如，某幼儿教师在进行"火车"相关美术活动时，创设了开火车的情境。由班内一名幼儿作为火车头，其他幼儿作为车厢，围绕教室行走。教师可以事先用手机下载火车运动的声音，让幼儿配合着节奏进行运动。幼儿在此过程中，跟随节奏有规律地运动，想象自己是火车的一部分，在轻松愉快的氛围中，完成火车的绘画。通过创设情境，可以充分激发幼儿的绘画兴趣。

2. 设置游戏

幼儿处于非常爱玩的年龄阶段，教师在进行美术活动时，可以通过设置游戏的方式激起幼儿的好奇心，在游戏中完成美术教学。例如，某幼儿教师在进行"泡泡"相关美术活动时，组织幼儿进行吹泡泡比赛。教师比较哪个幼儿所吹的泡泡最大、保持时间最久，对获胜的幼儿给予糖果奖励。在游戏过程中，幼儿观察到泡泡由小变大、色彩由透明变五彩的过程。在游戏结束返回教室后，教师引导幼儿回忆刚才吹泡泡的过程，将自己认为最有趣的泡泡画出来。幼儿有了真实体验，在绘画过程中可以把握泡泡的基本特征，将自己想象中的泡泡完美地展现在纸上。

（三）绘画示范游戏性

1. 语言鼓励

幼儿心理尚未成熟，对新奇事物专注力的维持时间较短。在美术活动中，幼儿开始几笔画得比较认真，随着绘画时间增长，幼儿专注力下降，可能只是简单画上几笔或直接放弃原有思路胡乱画。幼儿教师在此时可以利用丰富、有趣的语言鼓励幼儿继续创作，延长幼儿的专注力时间。例如，某幼儿教师进行"春天"相关美术活动时，发现一名幼儿只画了一朵小花就不再动笔，就利用游戏性语言进行鼓励："这一朵小花在美丽的春天中多么孤单啊，你愿意给它带来几个朋友吗？"幼儿在听到教师话语后，简单思考了一下，说"愿意"，又拿起画笔给小花添加朋友。通过语言鼓励，在兴趣驱使下，幼儿的绘画能力得以提高，幼儿逐步掌握了绘画要领。

2.儿歌引导

幼儿对于趣味性儿歌有着浓厚的兴趣，在指导幼儿绘画的过程中，教师可以利用好记的儿歌，来辅助幼儿进行绘画。例如，某幼儿教师进行"草莓"相关美术活动时，利用儿歌帮助幼儿记忆草莓的特征："小小瓜子脸，头发真漂亮，头上长了一个柄，脸上长满小麻点。"在此过程中，教师一边念着儿歌，一边将草莓画出来，使幼儿能够掌握草莓的基本特征。在幼儿独立绘画的过程中，幼儿自己默念儿歌内容，逐步将儿歌中描述的草莓画在纸上。教师利用儿歌进行引导，在有趣、轻松的氛围中，提高了幼儿的动手能力。

（四）活动评价游戏性

作品评价是美术活动中较为重要的环节。在此过程中，教师的评价态度和语言会直接影响幼儿对美术活动的学习兴趣，教师应采用有趣的语言对幼儿的绘画作品做出积极评价。例如，某幼儿教师在结束"泡泡"相关美术活动后，了解到幼儿很喜欢小动物，在对幼儿作品进行评价时，利用这一特点进行积极评价。教师扮演金鱼妈妈，幼儿扮演金鱼宝宝。金鱼妈妈对金鱼宝宝说："鱼宝宝，你最喜欢什么颜色的泡泡啊？"教师利用轻松、有趣的话语引导幼儿，进行作品评价，在肯定幼儿表现的同时增强其自信心。

综上所述，题材选择游戏性可以有效提高美术活动的教学效果，活动导入游戏性可以充分激发幼儿的绘画兴趣，绘画示范游戏性可以提高幼儿的动手能力，活动评价游戏性可以增强幼儿的自信心。美术活动的游戏性对于提高幼儿绘画水平、锻炼幼儿逻辑思维能力有着重要作用。

二、幼儿音乐活动的游戏性

音乐活动的游戏性是指将音乐艺术和游戏融合为一体的教学形式，是一种极易被幼儿接受、吸收、喜爱、理解的综合性教学手段，更具艺术形态。音乐活动的游戏性不但可以培养幼儿的乐感、美感，还能培养幼儿的交流能力、创造能力、表现能力，增强集体荣誉感，有利于幼儿形成良好的品质。

（一）我国幼儿音乐教育所面临的问题

望子成龙、望女成凤是父母的普遍心态。对于孩子的未来，很多父母从孩子的婴儿期就开始规划、期望，往往忽略了对三岁至六岁这个阶段的孩子应以培养良好的习惯和品性为主要目标。家长往往以孩子能够学到多少知识、会算多少数学题、会背多少诗等学习结果来衡量教育的好坏，致使幼儿教育逐渐倾向于满足家长的要求，往往从中班开始就让幼儿学习一些小学阶段才需要学习的知识，如拼音字母的认识、读写；让大班的幼儿学习10以内加减法的计算、拼音、一些简单汉字的书写，使教学内容更加小学化。越来越多的幼儿园以阶段性的教学结果来吸引家长的眼球，从而获取更多的生源，获得更大的利益，而将原本充满好奇心、爱动、爱玩、爱闹、爱研究的幼儿限制在了固定性、机械性的教学当中，也将充满动感、活力的音乐活动限制得死死的，无法发挥音乐在幼儿当中应有的作用。

（二）体现幼儿音乐活动游戏性的方法

由于音乐是一门技术性较强的艺术学科，其抽象性的表现形式注定了三岁至六岁的幼儿理解起来会比较困难。要想提高音乐教学质量，在音乐活动中体现出游戏性是最好的方法。

学校和家长要改变教育思想。教育是需要家校结合的，家长的思想会直接影响幼儿教育的结果与方向，因而要想实现音乐活动的游戏性，首先，学校和家长要进行有效的沟通，共同认识、学习幼儿阶段最重要的教学目标，统一思想，才能够为幼儿教学开拓更宽、更广的路。其次，学校要和家长共同学习音乐活动游戏性的理念，得到家长的支持，教师才能专心地、全力以赴地进行教育教学活动。

1.歌唱教学游戏性

通过歌唱教学游戏的实施，教师可以引导幼儿将心中的情感和观念表达出来，使之感受到快乐和音乐的美。教师要认识到歌唱教学的顺序是先游戏后课程、先表演身体动作后歌唱，而目前我国很多幼儿教师在进行歌唱教学时顺序是相反的。由于歌唱教学游戏化的方式有千万种，每个教师的教学方法和思维方式是不同的，所以对同一首歌曲所使用的教学风格和游戏方式也是不尽相同的。

以《一只哈巴狗》为例，教师在进行教学之前要准备好多媒体软件，为幼儿创建一个动漫版的小狗吃骨头的情境，让幼儿进行观察。教师可以让幼儿逐个和自己一起模仿小狗的表情和动作，从而提高幼儿的观察能力、模仿能力和表演能力，以此来提高幼儿的自信心。之后，教师根据歌词进行单独的动作表演，让幼儿将教师表演的动作用自己的语言表述出来，以此来提高幼儿的语言表达能力。接下来，教师再将幼儿要学习的歌曲用多媒体播放，并且跟着音乐进行身体动作的表演，幼儿才能真正理解歌曲的内容。之后，教师可以让幼儿分组表演，边唱边跳，动作不限，让幼儿自由发挥，以此来提高幼儿的想象力和创造力。最后，再让幼儿自己评比，评出身体动作最有想象力的小组、最有创意的小组等，对于获奖的小组教师可以给予相应的奖励。这样的过程,既给了幼儿充分的自由发挥的空间、想象空间,又让幼儿在轻松愉快的氛围中提高了团队意识,并且很快就能将歌曲牢记于心,让快乐与学习并行。

2.韵律教学游戏性

韵律可提高幼儿的节奏感、辨别音乐情绪的能力、想象力、创造力、协调力。以游戏的方式学习韵律,幼儿更容易理解和掌握。例如,在学习《小胖鸭子捉迷藏》时,教师可以带领幼儿到室外玩捉迷藏的游戏,一名教师蒙住眼睛(其他教师负责看护幼儿)并转三圈,然后开始摸幼儿。和幼儿玩一段时间之后,教师可提出问题:"小鸭子怎么玩捉迷藏游戏呢?小朋友们谁知道呢?"让幼儿用自己能够想到的方式表演出来,然后教师来念歌词,让幼儿根据歌词表演,念到歌词的最后一句"跟我回家吧"时,带领幼儿回到教室。

3.欣赏教学游戏性

欣赏教学主要是引导幼儿通过身体动作表演来感知音乐。欣赏教学需要将日常生活中的情境等运用到教学当中,最后用肢体动作来进行教学。例如,在课程开始之前,教师可以问幼儿,"有没有家里养金鱼的小朋友?""有没有去水族馆玩过的小朋友?""小鱼在水中是怎么走路,怎么和伙伴们进行交流的呢?"等幼儿发言后,再和幼儿一起做小鱼和水草的游戏。播放指导音乐《水族馆》,一名教师带一队幼儿,分别扮演小鱼和水草,另一名教师做旁白。播放第一段音乐时,教师带领扮演水草的幼儿慢慢"长大",并摆出各种优美的姿势。播放第二段音乐时,教师带领扮演小鱼的幼儿"游"到"水草"旁边,说旁白的教师要引导幼儿做出不同的动作,如"给水草施肥""和水草再见"。

综上所述,在音乐教学活动中,应通过设置场景、问答、角色扮演、比赛等方式,扩大幼儿的参与度,培养幼儿的团队意识、审美能力、评价能力,最终提高幼儿的综合表达能力。

三、图画书阅读活动的游戏性

图画书又称绘本,是一种以图画为主、文字为辅的书籍。图画书中的图画能引起幼儿的好奇心,激发幼儿的想象力,让幼儿一遍又一遍地看,并让幼儿在每一次阅读过程中感到不同的喜悦。图画书作为园本课程的载体,早已被幼儿所熟知并喜爱。图画书的生动画面、情节都能为幼儿的游戏提供丰富、有趣的情景,易于让幼儿沉浸其中进行自主、主动、创造性学习。

教师可以构建适合幼儿特点的以图画书为载体的游戏活动,培养幼儿的阅读兴趣，发展幼儿多方面的能力；选择适宜的图画书，充分挖掘图画书的教育元素，寻找恰当的角度，发挥图画书在幼儿游戏活动中的多重作用；为幼儿创设良好的游戏环境，引导幼儿在游戏中和图画书的内容形成互动，让幼儿的游戏内容变得更加丰富；指导家长掌握亲子阅读的方法，开展适宜的家庭游戏。

（一）概念界定

图画书的幼儿游戏活动，就是将图画书的故事情节、人物形象、书中所蕴含的道理，注入游戏主题、游戏情境、游戏环境、游戏材料等要素中，扩展幼儿的游戏形式，并且使幼儿在游戏中升华对图画书故事的理解。在这样的游戏中，幼儿的兴趣能够被极大地激发出来。

（二）基于图画书开展幼儿游戏活动

教师有目的、有计划地筛选与幼儿年龄特点相符、深受幼儿喜爱的图画书，并与幼儿一起讨论，结合图画书开展游戏活动，把静态的图画书内容变为动态的游戏活动，从而使幼儿爱玩的天性得以充分释放。

1.贴近幼儿生活，促进幼儿基本能力的形成

教师选取图画书《阿力会穿裤子了》《鳄鱼不刷牙》，创设生活游戏"穿穿脱脱"、音乐游戏"刷牙歌"，通过音乐和舞蹈帮助幼儿掌握穿衣服、刷牙的方法，让幼儿了解一系列的日常行为动作，提升幼儿的独立性以及自理能力；图画书《脸，脸，各种各样的脸》让幼儿简单了解书中的表情，学会一一对应，了解整体与局部的概念；在阅读图画书《换一换》《我的友情要出租》《躲猫猫》过程中，幼儿感受到友情的珍贵和伙伴间分享的快乐，培养了社会交往能力，由这些书生成的猜拳游戏、"木头人""找朋友""捉迷藏"游戏，幼儿都能玩得很开心。

2.与领域教学相融，促进幼儿主动学习

教师借助图画书《小蓝和小黄》《我是彩虹鱼》《彩色的乌鸦》，开展泥塑、色彩融合的游戏，使幼儿惊奇地发现当两种颜色相融后，可以变成一种新颜色，有了尝试探索更多颜色相融的愿望，同时这种变化激发了幼儿的想象力，教师借此开展多种形式的美工游戏；结合图画书《蹦》《哇》开展跳呼啦圈游戏，通过游戏提升幼儿参与的乐趣，让幼儿了解"蹦"的意义；结合图画书《母鸡萝丝去散步》《鸭子骑车记》开展不同形式的户外体育游戏；结合图画书《大家来听音乐会》《不来梅的音乐家》，开展"击鼓传花""寻找带头人"游戏，充分调动幼儿的多种感官，感受音乐的独特魅力；通过"钥匙开锁"游戏，进一步阅读图画书《晚安，大猩猩》，让幼儿通过开锁了解钥匙和锁的关系，提升动手能力，积累生活经验。

3.感受传统节日,提升幼儿的情感体验

图画书《端午节》《团圆》《过春节》讲述了中国传统节日,使幼儿从图画书中找到自己或身边生活的影子,引发情感的共鸣。教师和幼儿之间开展竞技游戏"划龙舟"、音乐游戏"包饺子",用游戏的方式加深幼儿对传统文化的了解。

(三)创设多维度的游戏活动

幼儿在游戏中是真正享受自由的。幼儿可自由结伴游戏,也可以独自游戏,他们用自己感兴趣的方式,全身心地投入游戏中,在游戏中再现图画书的故事情境,自主积累游戏经验,提高生活、学习能力。

1.借助图画书,创设多种游戏形式

《好饿的毛毛虫》是一本充满诗情与创意的图画书。幼儿对富有韵律的语言、每页书中圆圆的洞特别感兴趣。书中的绿叶、蝴蝶、五彩缤纷的果实、炽热似火的太阳,都是幼儿身边的事物,都是幼儿熟知并喜爱的事物,故事中展现的星期一、星期二等都是幼儿熟悉的概念。因此,教师可挖掘其中的各项元素创设游戏情境,开展多种形式的游戏活动,让幼儿了解更多的水果,感知蝴蝶的生命周期,理解一个星期的概念,并从书中感受到生命的美丽。借图画书中内容,教师和幼儿一起进行语言游戏,帮助幼儿学习量词的表述,学习用"如果我是毛毛虫,我喜欢吃……"和"如果我是毛毛虫,我会……"的句式说一句完整的话;用肢体表现毛毛虫和蝴蝶的动作;用毛绒球、毛绒棒、糖纸等材料制作毛毛虫、蝴蝶,并用毛毛虫、蝴蝶道具扮演毛毛虫、蝴蝶;让幼儿画食物、玩具等内容,以此安排自己一周所要做的事情;开展数学游戏,帮助幼儿巩固"5"以内数量对应关系。

2.借助图画书,创设难易不同的游戏

借助图画书《好饿的毛毛虫》,我园还尝试在不同的班级开展体育游戏活动。小班幼儿戴上毛毛虫的头饰,把自己想象成可爱的、独一无二的毛毛虫,在垫子上双手双膝着地向前爬。中班游戏活动增加了难度,每一名幼儿身上贴着数字,爬到终点后要取到与自己身上所贴数字相应数量的食物。游戏中,幼儿乐此不疲地重复着故事中的语言,教师不断增加食物的品种和数量,让幼儿在游戏中用自己的方式尝试着学习。大班幼儿的活动更具挑战性,教师在设计"匍匐爬"的同时创设丰富的游戏情境,用拱形门、平衡木、轮胎、垫子等搭建毛毛虫成长过程中走过的路,让幼儿模仿毛毛虫钻、攀、爬,最后变成美丽的蝴蝶飞舞起来(幼儿用快速跑表现"飞"的动作)。情境的创设中既有活动量大的区域又有活动量小的区域,幼儿自主地在游戏中尝试多种运动技能,并根据自身运动能力选择一个或多个任务。图画书的融入增加了户外游戏的趣味性,培养幼儿勇于挑战、超越自我的能力。在丰富的

阅读活动中，幼儿对图画书越来越感兴趣，对图画书游戏更是乐此不疲。在实践与探索中，教师采用多样性引导策略，从游戏活动主题、活动设计、情感表达等方面深入分析，选取适宜的关键点，并在游戏活动中让幼儿有更多的机会思考"可以玩什么""我们要怎样玩"，为幼儿自主游戏提供适时引领，让幼儿有更多自主权；为幼儿的游戏提供支持，让幼儿有更多选择权；为家长的参与提供平台，让幼儿有更多游戏权。

　　在基于图画书开展的游戏活动中，幼儿实现情感的释放、个性的张扬、能力的拓展；教师在游戏中树立了平等、民主的教育意识，促进了幼儿自主发展、教师专业发展和教育质量提升。通过教育活动的游戏性使美育在新时代不断发扬光大，是我们每位教育者的责任。教师只有不断地再学习、再充实，与时俱进地更新幼儿教育理念，才能让幼儿在成长过程中拥有发现事物美的能力，教会他们用美的眼光看待世界、用善良的心对待他人。

幼儿园音乐教学游戏化的实践与探究

青岛市崂山区实验幼儿园 / 隋爱雯

游戏是幼儿园一日活动的基本形式，符合幼儿的年龄特点。笔者通过多年一线教学，结合幼儿年龄特点、活动目标等进行了多层次、有效的实践和探究，研究游戏化的理论在幼儿园音乐教学中的运用，促进音乐与其他学科相互融合，提高幼儿的节奏感、乐感和美感。本文采取理论探究、案例分析和行动研究法开展研究。通过对音乐教学游戏化理论的深入探究，掌握该理论在幼儿园音乐教学中的前沿地位、重要意义和理论框架，使本文具备较高的理论高度；通过对音乐教学游戏化理论的运用，拓展该理论的内涵与外延，使本文具有较强的针对性和创新性，从而增强幼儿园音乐教学游戏化理论的可操作性。

一、引言

（一）问题提出

笔者自2014年参加学前教学工作以来，一直进行幼儿园音乐学科的课堂教学和社团活动实践。以笔者的经验分析，幼儿园音乐教学发展共经历了三个阶段，即逐句教唱、词曲分离教唱、游戏化教学。

（1）逐句教唱，顾名思义，就是教师唱一句，幼儿学一句，教师唱一遍，幼儿学一遍。整堂课一成不变，直到幼儿差不多学会，便由幼儿独立演唱。这样的填鸭式教学，让幼儿很难有主动权，更缺乏教与学的趣味性。整节课就以学会一首歌曲为主要目标和全部内容，难以体现艺术领域的大目标，难以与其他学科融合。

（2）词曲分离教唱，是指将完整的歌曲分开教学。先学歌词，再学唱曲调，最后把歌词和曲调合起来进行完整演唱。在这种形式的课堂教学中，教师开始尝试借助图谱、动作等辅助手段，具有调动幼儿参与兴趣和积极性的萌芽意识，但是，教学仍然以教师为主体，以"教唱"为主要手段，以幼儿学会一首歌曲为主要目标和全部内容，幼儿仍然处于被动接受的状态。而且这种教学方式，明显将简单的东西复杂化，增加了幼儿的学习难度，破坏了音乐作品的完整性，并不符合幼儿的年龄特点和学习方式，往往使音乐教学课堂枯燥无味、气氛凝重。

（3）游戏化教学，是指教师以游戏为手段来组织、开展教学活动的一种教学方式。教师利用游戏这一形式，目的是在游戏中完成教学目标，培养幼儿学习兴趣。2014年6月，南京师范大学许卓娅教授出版了《幼儿园音乐教学游戏化设计》一书，推出了音乐教学游戏化的新模式：故事—动作—音乐—其他，并称其为"傻瓜模式"。随后，许卓娅教授又通过课例、讲座、培训等形式在全国多次推广这种模式。这种游戏化的教学方式，遵循幼儿的年龄特点，符合幼儿的学习兴趣，深受幼儿园一线教师的喜爱，笔者在幼儿园音乐教学中尝试使用，根据自己所在地区的教材探索出新的游戏和游戏化策略。笔者通过梳理自己的音乐课堂教学和观摩他人的教学过程，发现目前游戏化音乐教学主要存在以下三个方面的问题：一是设计的游戏与音乐文本本身关联性不大，使游戏在整个活动中独立存在，没有起到支持本次音乐活动目标的作用。二是游戏本身的难度过高，致使整个活动中幼儿的大量注意力放在游戏中，常导致幼儿出现疲劳状态，难以很好地完成教学目标。三是游戏本身难度过低，调动不起幼儿兴趣，影响活动效果。

结合本地教材进行幼儿园音乐教学游戏化的实践与探究，是本区域内幼儿教师发展的迫切需要。

（二）理论探究

1.幼儿园音乐教学游戏化理论的定义、特点和重要意义

（1）笔者认真研究了音乐教学游戏化的理论定义、特点。

"游戏"在《教育大辞典》中的解释为：一种根据儿童年龄及成长规律设置的，旨在通过节目表演和角色扮演等方式，进一步感知和体验现实生活的儿童社会活动。它具有趣味性、具体性、虚构性、自愿性和社会性的特点。

国外的研究，很早就开始关注游戏与人学习、发展之间的关系。柏拉图提出，教育包括游戏，游戏反作用于教育；亚里士多德提出，游戏是教育的一种方法；杜威认为，游戏是儿童的天性使然，游戏与作业和工作相同，都具有巨大的教育价值。

在近现代的研究理论中，很多研究者提出了"游戏化教学"（又称为"教学游戏化"），指在教学设计环节中，充分考虑受教育者的年龄特点、心理发展水平，运用游戏、课堂设计与情境再现等手段，使学生学习目标得以实现，教学评价体系得以更新，教学策略获得实效。丁海东教授认为，"游戏化教学"就是要求在教学的实施过程中，尽可能淡化教育目的，强化游戏的手段，轻结果而重过程。

本文研究的音乐教学游戏化是运用游戏化手段，改变以教师为主导的旧有的机

械教唱教学模式，遵循幼儿年龄特点和学习特点，用游戏的方法引导幼儿在音乐活动中感受美、表现美、创造美。活动过程中教师要提高音乐教学质量，促进幼儿学习兴趣的提高和身心的全面和谐发展。在实践中，笔者始终遵循主动性原则，即通过游戏化手段充分调动幼儿的积极性、主动性、创造性；全体性原则，即面向全体幼儿，设置层层递进的环节，让每一位幼儿都得到发展；协同性原则，即以音乐学科为主，让音乐与其他学科相互融合，力求产生协同效应。

（2）幼儿园音乐教学游戏化理论有重要意义。

目前国内外幼儿音乐教学很少将游戏运用到教学活动过程中。本文从区域实际出发，改善幼儿园游戏化音乐教学水平，有利于推动幼儿园音乐教学研究和游戏化教学的进一步发展。

将幼儿音乐教学通过游戏形式表现出来，能够增加音乐学习的吸引力，使音乐学习更具有趣味性，提高幼儿参与音乐活动的积极性，这对幼儿音乐素养的发展意义重大。因此，教师应该促使游戏化教学方法的融入，进而为幼儿音乐教育目标的实现奠定坚实的基础。本文力图从音乐教学游戏化的教学理念出发，明确以游戏形式进行音乐教学的意义，以许卓娅教授提出的"傻瓜模式"为实践基本模式，结合本地地方教材研究与其有关的策略，使音乐课堂更加富有童趣，充分调动幼儿参与音乐学习的积极性。

2.音乐教学游戏化理论的推广应用和发展现状

陈淑琴指出，音乐教学游戏化就是用游戏化的方式组织音乐教学。所谓的游戏化不仅展现于"音乐游戏"这一部分，还展现在所有活动方式较为灵巧、自由，拥有游戏或者类似游戏特征的教学方法中。游戏化的音乐教学让幼儿有与"玩"一样的感觉，不知疲倦地、兴高采烈地加入整个活动当中去，通过愉悦的方式去感受音乐的美好。

程英分析了幼儿园音乐教学游戏化实施的不足之处：为了游戏而开展游戏，忽视了对幼儿学习素养的培养；游戏和幼儿年龄特征不符，游戏情节与音乐之间的结合度不够。同时，程英提出改善教学方式的有效策略：首先，明确游戏的核心特征以及精神；其次，尊重幼儿的个体差异以及文化需求；再次，把音乐和游戏结合起来，积极构建"低控制、高构造"教学环境，逐步提高幼儿园音乐教学游戏化的水平。

许卓娅以马斯洛需求层次理论为出发点，从审美感动需要、认知挑战需要、合理需要等层面对音乐教学游戏化的重要性以及必要性予以论述。同时强调所谓的"教学游戏化"的实质是提高教学过程的游戏化水平。在我国第九届幼儿园音乐教育观摩研讨会上许卓娅还强调：音乐教学必须追求游戏化教学的因素，以"我要学"取代之前的"要我学"，或以"幼儿自身的学习目标"替代"教师设定的教学目标"，是游戏化最为核心的价值。

许卓娅以及张玉敏教授强调，幼儿园教学理应是低控制、高构造的。游戏化教学在幼儿园日常教学中能够起到积极效应，在这一过程中选择低控制、高构造是最佳方式。所谓的高构造，实质是教师给予幼儿必要的支持，这一支持必须是合适的、面面俱到的，不但包含陪伴成长的温暖，同时也必须包含一定的激励；它不但是教学内容构造，也是策略构造。低控制的教学过程的有效实施，需要依托于高构造教学设计。

（三）研究设计

1. 研究对象

研究对象是本幼儿园2015级一班35名幼儿。

2. 研究方法

文献法：通过对文献查阅，了解他人研究幼儿园音乐教学游戏化的情况，包括哪些问题已经解决、哪些问题还没有研究、在实践中存在哪些困惑，从而使自己的课题研究更加有针对性和创新性。

案例法：以《幼儿素质发展课程教师用书》小、中、大班六册新教材和《崂山区实验幼儿园和谐发展园本课程》中的歌曲教学素材为主，深入分析课例价值，在使用许卓娅教授提出的游戏化音乐教学模式基础上，结合园所、教师、幼儿发展现状进行游戏化的案例设计，增强幼儿园音乐教学的趣味性，同时为一线教师提供指导、帮助，逐渐转变以音乐知识、技能为核心的传统幼儿园音乐教学观念。

行动研究法：笔者对许卓娅教授提出的"幼儿园音乐教学游戏化的模式"（傻瓜模式）非常熟悉，并在幼儿园课堂教学中反复地实践和研究。笔者也大胆创新，慢慢创造出因材施教的新课例。笔者对地方教材中的经典课例的二度创作以及创造的新课例进行了归纳和分析，为本文提供了实践依据。

3. 研究程序

2015年9月至10月，收集资料，阅读文献。

2015年10月至2017年，将音乐教学游戏化理念植入课堂，围绕三维教学目标设计音乐教学游戏化课例。

2017年到2018年，笔者分别在本幼儿园、崂山区音乐学科中心组和王哥庄、北宅两个街道幼儿园分享自己在音乐教学游戏化方面的一些尝试和做法，对音乐教学游戏化的理念的理解进一步加深。

2019年，整理教学案例、观摩和听课记录等资料，设计论文框架，撰写论文。

二、幼儿园音乐教学游戏化课例研究与分析

笔者选取了19篇教学课例，均属独立设计并进行过课堂教学尝试的较为成熟的课例，涵盖了不同类别的游戏。其中有几篇是参加过地市级各种赛课的获奖课例和在教学杂志中发表的课例。下面将从小、中、大班各选取一篇典型课例，从"游戏化教学设计与实践""幼儿参与该课例游戏化教学的课堂反应和表现""对该课例中游戏化教学的分析与总结"三方面进行翔实的记录与分析，其他16篇见附录。

（一）课例分析——歌曲《小小蛋儿把门开》（小班）

1.游戏化教学设计与实践

（1）活动目标：让幼儿在游戏中熟悉歌曲，用自然的声音完整演唱，唱准切分音；能根据歌词创编动作，并边唱边表演；体验歌曲欢快的情绪，产生喜爱小动物的情感。

（2）活动准备：毛绒小鸡手偶、纸壳制作的"鸡蛋"、PPT课件。

（3）教师出示纸壳制作的鸡蛋，把小鸡手偶藏在后面，引起幼儿兴趣。教师提问："请你猜猜，这小小的蛋儿里面藏了什么小动物？"引导幼儿根据已有经验大胆猜测，充分调动幼儿兴趣。

教师在"小鸡出壳"情境中有节奏地说歌词，帮助幼儿初步理解歌词。

"我们敲敲门，让它出来看看吧？小小蛋儿把门开，开出一只小鸡来。"

"这是一只什么样的小鸡？毛茸茸、胖乎乎的小鸡。"

★设计意图

开放性的提问不但调动了幼儿的已有经验，还充分激发了幼儿的好奇心。教师通过边说歌词边演示的方法，帮助幼儿理解歌词内容，为歌曲学习做好铺垫。直观演示教学法的使用，充分尊重了幼儿的年龄特点和学习方式。

教师和幼儿共同进行"点兵点将"游戏，在游戏中熟悉歌曲。

教师用情境性语言导入游戏："小鸡喜欢和你们做朋友，大家互相介绍一下吧。"

教师和幼儿共同游戏，教师戴着小鸡的手偶边唱歌曲边"点兵点将"。唱到最后，点到谁谁就起立。

教师："我是一只毛茸茸、胖乎乎的小鸡，你是谁呀？"

幼儿："我是某某某。"

教师："很高兴认识你。"（边说边用毛茸茸的小鸡手偶与幼儿握手或者拥抱。）

根据人数，游戏进行五遍。后两遍一句一停，让所有的幼儿都有互动的机会。

★设计意图

"毛茸茸呀胖乎乎"这句歌词，是小班幼儿的难点。教师在游戏中，一遍一遍地唱、说，幼儿在轻松愉快的情境中，在期待与小鸡互动的情绪中，运用无意注意，轻松地熟悉并学会了歌曲。

教师和幼儿共同演唱歌曲，教师提醒幼儿用自然的声音完整演唱，唱准切分音。

教师范唱三至五遍，帮助幼儿梳理歌词。

教师提问：歌曲里面的小小蛋儿把门开，门打开后出现了什么小动物？小鸡是什么样子的？小鸡怎样唱歌？

出示翻牌图片四张，引导幼儿完整演唱歌曲。

"这些小小蛋儿里还会出现什么动物？让我们用歌声请它们开门吧！"

幼儿完整演唱二至三遍，每一遍结束后教师帮助幼儿一起反思自己哪里还不太清楚，提醒幼儿用自然的声音演唱。

★设计意图

引导幼儿带着问题倾听，不但能够帮助幼儿梳理歌词，还有助于养成良好的倾听习惯。翻牌游戏的运用，进一步激发了幼儿歌唱的兴趣，变"要我唱"为"我要唱"。

教师与幼儿共同商量创编简单的动作，教师鼓励幼儿与同伴一起边表演边唱，自然结束活动。

2.幼儿的课堂反应和表现

《小小蛋儿把门开》是笔者赴贵州省安顺市普定县幼儿园送教的音乐活动，在之前磨课和当时的课堂学习中，小班幼儿都表现出了浓厚的兴趣和学习热情。

该课例从猜谜游戏导入，幼儿积极思考和回应，充分调动已有经验参与到活动中。在反复"点兵点将"的游戏中，幼儿特别期待能与"小鸡"进行亲密互动，握握手，摸摸脸，抱一抱，所以注意力充分集中，三四遍后就能不由自主地跟着教师哼唱，并基本会说难点儿的句子，如"毛茸茸呀胖乎乎"。

幼儿在最后的翻牌游戏环节中表现出好奇，愉快地与笔者一同演唱歌曲，并根据歌词创编出相应动作，边唱边表演，课堂气氛和谐、融洽。

3.对该课例中游戏化教学的分析与总结

笔者在歌曲《小小蛋儿把门开》的教学中设计了多个游戏化教学环节来完成教学目标。例如，师生互动猜谜游戏，唤起幼儿的已有经验，让幼儿积极参与活动，并在游戏中理解歌词内容；"点兵点将"游戏帮助幼儿熟悉歌曲，为完整演唱做好铺垫；"翻牌"游戏充分调动幼儿的好奇心，让幼儿在完整演唱的过程中不枯燥、不被动，循序渐进地解决难点；表演游戏中根据歌词情境进行动作的创编，充分发挥幼儿的创造性，让幼儿体验表演的乐趣；整个教学活动以游戏情境贯穿，环节清晰，环环相扣，充分发挥了幼儿的主体作用，激发幼儿的学习兴趣。

附歌曲《小小蛋儿把门开》：

小小蛋儿把门开，
开出一只小鸡来，
毛茸茸呀胖乎乎，
叽叽叽叽叽叽叽叽唱起来。

（二）课例分析——打击乐活动"煎荷包蛋"（中班）

1.游戏化教学设计与实践

（1）活动目标：让幼儿熟悉乐曲旋律，用身体动作和打击乐器有节奏地表现乐曲；能够用铃鼓、碰铃和圆舞板与同伴合作演奏，会看指挥。

（2）活动准备：课件、音乐；碰铃、铃鼓、圆舞板若干。让幼儿课前看家长煎荷包蛋。

（3）教师用故事导入主题，帮助幼儿更好地理解乐曲，创设游戏情境。

有一位小厨师做菜特别香，客人们每次吃到他做的拿手菜，都会赞不绝口。看看看、闻闻闻、吃吃吃，好美味！这道拿手菜是什么呢？请听音乐。

★设计意图

以故事的形式导入活动，能够帮助幼儿理解伴奏歌曲，同时以问题过渡到下一环节，有助于激发幼儿的好奇心和参与活动的兴趣。其中的"看看看、闻闻闻、吃吃吃"，清晰地呈现了乐曲第二段的顺序，为后面的动作表演和乐器演奏做好铺垫。

让幼儿完整欣赏音乐一至二遍，感受乐曲旋律、特点。

教师提问：歌曲里唱到，小厨师做了什么拿手菜？你见过妈妈煎荷包蛋吗？怎样煎？

教师和幼儿共同回忆煎荷包蛋的过程，教师鼓励幼儿用动作表现煎荷包蛋。

教师根据幼儿的现场表现，请出一位或二位动作比较典型的幼儿做榜样示范，带领同伴共同练习。

★设计意图

艺术来源于生活，高于生活。本环节充分体现"幼儿在前，教师在后"的教学策略，调动幼儿生活中的观看煎荷包蛋的经验，鼓励幼儿用动作表现出来。不管幼儿用什么样的动作表现，教师都给予充分肯定和鼓励，让幼儿体验"表现美、创造美"的乐趣。

教师和幼儿共同进行四遍角色游戏,能用动作表现音乐,为乐器演奏做铺垫。

第一遍游戏:教师扮演厨师,幼儿扮演鸡蛋,教师边说语令边做翻炒动作,被"翻炒"到的"鸡蛋"可以用旋转、摇摆等动作表示蛋在锅里的样子。(语令:煎一个荷包蛋,煎好了,冒烟;煎两个荷包蛋,煎好了,冒烟;煎三个荷包蛋,煎好了,冒烟;煎四个荷包蛋,煎好了,冒烟。)

第二遍游戏:教师在第一遍游戏基础上,稍微提高难度,加入"冒烟"的动作,引导幼儿自由创编身体和手臂动作,表现蛋在锅里熟了冒烟的样子。

第三遍游戏:请幼儿扮演厨师,表演前半段煎蛋、冒烟,教师扮演顾客,表演后半段。(语令:看看看,闻闻闻,吃吃吃,笑笑笑;看看看,闻闻闻,吃吃吃,笑笑笑。)

第四遍游戏:教师和幼儿共同扮演厨师和顾客完整表演,提醒幼儿跟准节奏。

★设计意图

通过角色扮演和动作的创编,引导幼儿进一步熟悉乐曲旋律和节奏,为乐器演奏做好铺垫。创编的语令使用重复的、有节奏的语言,符合幼儿年龄特点,易于掌握,能够很好地帮助幼儿记忆动作顺序、跟准节奏。

教师与幼儿讨论配器方案,根据幼儿的配器方案演奏一遍,提醒幼儿看指挥。

教师根据自己的配器方案,演奏第二遍,提醒幼儿听准节奏,让幼儿与同伴合作演奏。

教师鼓励幼儿有秩序地按组放回乐器。

★设计意图

根据幼儿的配器方案演奏第一遍,再根据教师的配器方案演奏第二遍,不但充分体现了以幼儿为本的教育理念,更尊重了幼儿的年龄和学习特点,让幼儿在直接感知、动手操作和亲身体验中慢慢建构起对不同类型乐器特点的认知,慢慢形成比较合理的配器能力。

2.幼儿的课堂反应和表现

"煎荷包蛋"是笔者在青岛市名师工作室中的展示交流课。课堂学习中,中班幼儿始终兴趣盎然。教师用故事导入后,提出问题"这道拿手菜是什么呢?"幼儿带着问题倾听音乐,特别专注,眼神中流露出喜悦。

角色表演游戏是幼儿最快乐的环节,他们作为"鸡蛋",被"厨师"一个一个打入锅里,每被铲子"翻炒"一次,就笑呵呵地旋转,再坐到椅子上。有的幼儿感觉不过瘾,一下子旋转好几圈,还有的幼儿说:"快来'翻'我一下,我等不及了。"动作表演和乐器演奏环节,大部分幼儿自主、轻松地完成。

最后,教师说:"由于时间原因,不交换乐器演奏了,放到区域活动里面。"有一位可爱的小姑娘大声说:"不行,不行,我们想交换乐器,继续演奏!"表现出了学习的热情。

3.对该课例中游戏化教学的分析与总结

笔者在打击乐活动"煎荷包蛋"的教学中创设了"小厨师煎荷包蛋"的情境贯穿始终,在游戏化的自由、自主的课堂氛围中完成教学目标。在第一遍游戏中,教师扮演厨师,幼儿扮演鸡蛋,幼儿在自己的角色里"翻转"的同时,也在熟悉教师的动作和节奏,同时还在倾听和熟悉音乐,真正做到边玩边学,兴趣在先。第二遍游戏中,加入"冒烟"动作,给幼儿一个小小的挑战,持续激发兴趣。第三、第四遍游戏中,变换角色体验,最后将每个角色的动作串起来形成完整的动作表演。同时,角色的分工体验,也为后面分组合作演奏做了充分的铺垫。

附歌曲《煎荷包蛋》:

煎蛋 煎蛋 煎蛋 煎蛋 煎蛋 煎蛋 冒烟
煎蛋 煎蛋 煎蛋 煎蛋 煎蛋 煎蛋 冒烟
煎蛋 煎蛋 煎蛋 煎蛋 煎蛋 煎蛋 冒烟
煎蛋 煎蛋 煎蛋 煎蛋 煎蛋 煎蛋 冒烟
看看看 闻闻闻 吃吃吃 笑笑笑
看看看 闻闻闻 吃吃吃 笑笑笑

(三)课例分析——韵律活动"包饺子"(大班)

1.游戏化教学设计与实践

(1)活动目标:让幼儿感受乐曲欢快的情绪,能用提压腕动作有节奏地表现包饺子的过程;让幼儿根据乐曲情绪和情境,创编适宜的动作,表现煮饺子的过程。

(2)活动准备:让幼儿跟家人一起包饺子,观察成人煮饺子;准备伴奏音乐《喜洋洋》、围裙、厨师帽。

(3)教师用视频导入,引出"包饺子"主题。

"过年了真热闹,全家团圆吃饺子。你见过妈妈怎样包饺子吗?"教师与幼儿一起梳理包饺子的主要过程"揉面—擀皮儿—包馅儿—煮饺子"。

教师让幼儿完整欣赏音乐两遍,鼓励幼儿用动作自主表现包饺子的过程。

在第一遍欣赏音乐时,教师鼓励幼儿认真倾听。

教师提问:乐曲分为几段?每一段的旋律特点是怎样的?哪一段适合表现包饺

子？哪一段适合表现煮饺子？

在第二遍欣赏音乐时，鼓励幼儿边欣赏边用动作表现包饺子的过程。幼儿随音乐自主表现，教师观察，提炼出三个主要动作"揉面、擀皮儿、包馅儿"。

★设计意图

本环节动作创编，完全基于幼儿已有的生活经验，体现"幼儿在前，教师在后"的教学理念。教师心里有目标，眼里有幼儿，在尊重和肯定幼儿表现的基础上，提炼出课堂教学中需要的、适宜的主要动作。

教师和幼儿互动，完整表演A段"包饺子"。

教师请个别幼儿示范"揉面"动作，幼儿与同伴互动学习。教师通过加入有节奏的语令"嗨！嗨！用力揉"，帮助幼儿跟准节奏。

教师请个别幼儿示范"擀皮儿"动作，鼓励幼儿用单、双手分别进行擀皮儿表演。教师通过加入有节奏的语令"嗒！嗒！轻轻擀"，指导幼儿进行提压腕练习。

教师示范"包馅儿"动作，加入语令"摊开、放馅、捏紧、捏紧"，帮助幼儿掌握动作要领。

教师和幼儿完整表演A段"包饺子"两遍，教师提醒幼儿跟准节奏。

★设计意图

本环节通过同伴互动、师幼互动，教师和幼儿完成了A段的表演。语令的巧妙加入，既能够帮助幼儿跟准节奏，又能降低幼儿记忆动作顺序的难度。

教师与幼儿表演B段"煮饺子"。

教师播放煮饺子视频，引导幼儿仔细观察饺子的变化。与幼儿讨论，饺子下锅后在锅底不动，被铲子搅一搅会随着水轻轻漂动，水沸腾后饺子慢慢漂起来。

配合音乐，教师和幼儿共同用手臂动作表现煮饺子过程。教师提示：饺子轻轻推到锅里，不动；搅一搅，饺子轻轻漂起来；水沸腾了，饺子翻滚起来了。

幼儿分组，创编身体动作，进行煮饺子表演。

第一遍游戏：请一组幼儿扮演沸水，一组幼儿扮演饺子。教师鼓励幼儿大胆表现，对幼儿的创编进行简单评价，提示下一组幼儿动作要求。

第二遍游戏：交换角色表演，教师的提示语减少，提醒幼儿倾听音乐。

第三遍游戏：全体幼儿扮演饺子，完整表演。

教师带围裙扮演厨师，与幼儿完整表演B段。

教师鼓励幼儿摆出不同造型，以捞饺子、尝饺子情境增加活动情境感。

★设计意图

本环节鼓励幼儿大胆用动作表现，教师用情境性语言和动作与幼儿共同游戏，在游戏中边玩边熟悉乐曲，完整表演，达成教学目标。

2.幼儿的课堂反应和表现

韵律活动"包饺子"是笔者参加崂山区研究课展示和青岛市青年教师研修班公开课比赛的课例,赛前在幼儿园进行过多次试讲和磨课。每次上课,幼儿的反应和表现都基本相似,活跃,愉快,参与率达到100%。

在导入环节,幼儿积极回应,兴趣浓厚;A段表演中,幼儿调动已有经验自主地表现包饺子的动作,有的双手"揉面""擀皮儿",有的单手"揉面""擀皮儿",幼儿边笑边玩,氛围轻松和谐。上台示范的幼儿开始时胆怯,得到教师肯定和鼓励后变得放松、自信,带着挑战自己的喜悦回到座位。教师加入语令后,全体幼儿更是表现出了参与的积极性,动作整齐,节奏感强;在表演游戏环节中,幼儿在场地内自主地舞动,愉快轻松;对于最后的造型,幼儿用自己喜欢的动作表现出了独有的个性。

3.对该课例中游戏化教学的分析与总结

笔者在韵律活动"包饺子"的教学中设计了多个游戏化环节,完成教学目标。

笔者在A段表演中创设了"厨师包饺子"的情境,用丰富的情境化语言贯穿始终,引导幼儿不同程度地互动学习,完成表演。例如,在引导幼儿学习"提压腕"的重难点动作时,教师请一位幼儿做示范并说"看看她擀的皮儿特别圆、特别漂亮",而不是说"我们做擀皮儿动作时要加入提压腕,请跟我学"。前者情境化的语言更符合幼儿的年龄特点,调动幼儿学习的主动性;后者直白的表述比较生硬,幼儿处于被动接受的状态。

B段"煮饺子"游戏,通过分角色、分组体验,幼儿充分感受自主创编的乐趣。教师在该课例中成功地让幼儿有节奏地表现包饺子的过程,大胆创编煮饺子动作,并让幼儿体验到游戏的快乐,增进同伴和师生情感,达到了预期的教学效果。

三、研究收获

笔者曾在2006级一班执教,不但将游戏化教学运用到音乐课堂教学中,在每周一次的音乐社团活动中充分使用,还在家长开放日以及大型节庆活动中带领本班家长一起参与。笔者不但注重教学目标的有效达成,而且重视幼儿学习品质的养成,三年坚持下来,成效显著。

1.游戏化音乐教学的实施,助力幼儿良好学习品质的形成

2006级一班幼儿在自信心、表现力、专注力和自律性方面都优于平行班级。这不仅是笔者从平时的观察中所得,更是其他教师和家长一致的评价。李沧机关幼儿园李老师在带领2006级一班幼儿进行赛课活动后由衷评价:"这个班幼儿的音乐素养和表现力特别强,与陌生的老师默契配合完全超出我的预设,我只需要跟着他们走

就能为我的课堂教学增添色彩。"笔者在带领2006级一班幼儿进行崂山区音乐学科组打击乐教学活动展示时,在活动的最后一个环节中,人人争当小指挥,无论指挥还是演奏的幼儿都表现得很好。幼儿的自信心和节奏感之强,给在场观摩的教师留下深刻的印象。进行崂山区研究课"包饺子"展示时,幼儿创造出各种各样的动作,大胆地展示与表现,更是让在场观摩教师连连称赞。大班最后毕业演出舞台剧《长大,你想做什么》,绘本选择、舞剧编排、动作选择、服装设计、舞台背景设置全部由幼儿完成,教师只在其中穿针引线,幼儿表现出的创造力、自律性、合作能力令家长叹服。

2.游戏化音乐教学的研究,推动教师个人的教学水平不断提升

在这几年的游戏化音乐教学实践中,笔者个人的课堂教学水平不断提升,不但获得了多个奖项,还参与指导青年教师设计和执教音乐活动。笔者曾代表幼儿园赴贵州省安顺市普定县幼儿园送教,执教的音乐活动"小小蛋儿把门开",受到普定县幼儿园园长和教师的高度评价,深受幼儿喜爱,一度形成幼儿的歌唱高潮。

3.游戏化音乐教学的实践,提高家园共育质量

通过班级开放日、大型节庆活动引导家长参与到音乐游戏中,不但让家长感受到了高质量的亲子陪伴与互动带来的愉快体验,还让他们了解了游戏作为幼儿园基本活动形式的必要性,理解幼儿以直接感知、实际操作、亲身体验为主的学习特点,从而进一步感受到幼儿教师的专业性,更加支持和积极参与班级工作,形成良好的家园共育氛围。

四、研究结论与反思

(一)研究结论

有效的幼儿园音乐教学游戏化途径及策略包括以下几个方面。

1.情境使用,宜做"加法"

创设情境的方法有很多种,音乐活动中常用图片、视频、故事、谜语等手段,辅助创设与音乐内容相匹配的情境,为游戏化课堂氛围的形成增色添彩。但是,仅使用这些辅助手段创设了情境,不能充分使用情境,仍然会导致课堂氛围不佳,教师和幼儿均缺少融入性,幼儿兴趣不浓厚。所以,使用情境很重要,应注意以下两方面。

(1)情境贯穿活动始终。教师在活动导入后,应围绕开始创设的情境主线合理地、环环相扣地进行教学,使所创设的情境能够贯穿活动始终,避免出现情境搁置、虎头蛇尾的现象。

（2）使用情境性的语言。情境性语言的使用，能够带动幼儿很好地融入所创设的情境中，使幼儿始终兴趣盎然。例如"小小蛋儿把门开"活动中，教师创设了"和小鸡做朋友"的情境，教师使用情境性的过渡语"小朋友一起唱歌，邀请三只蛋宝宝一个一个开门，看看里面住着谁"，激发幼儿的演唱兴趣；如果离开情境直接表述为"小朋友，我们一起再来演唱一遍歌曲"，不但语言枯燥无味，还将幼儿放到了被动接受的位置，不能体现游戏化教学自由、自主的游戏精神。"煎荷包蛋"活动中，幼儿学习动作"煎蛋"时，教师使用情境性语言："不能翻得太快，太快鸡蛋会被翻破了；也不能翻得太慢，太慢鸡蛋会粘在锅底，煎煳了。可以不快不慢，有节奏地进行！"如果离开情境，就只能直接表述动作要求："做煎蛋的动作时，要不快不慢听好节奏。"很明显，前者将学习动作的要求无痕地融入情境中，更容易被幼儿接受，激发幼儿的学习兴趣。再如"包饺子"活动的煮饺子环节，很多"饺子"一跳进到"锅里"，有的演饺子的幼儿直接趴在地上，到该起来的时候仍然不起来，甚至满地翻滚妨碍别的幼儿正常游戏。教师使用情境性语言"如果饺子一直趴在锅底不动，水都沸腾了它还没有漂起来，说明这个饺子被煮破了，厨师就只能把它捞起来贴到锅边（椅子上）了"。如果离开情境直接表述规则"听到音乐变化后，一直没有站起来表演的小朋友没有遵守游戏规则，将坐到椅子上停玩一轮游戏"，后者的表述没有问题，但是给人一种跳出了情境，破坏了情境完整性的感觉。如果一节教学课中，教师经常这样在情境中"跳进跳出"，会导致整个课堂缺少稳定性，幼儿不断被干扰，使情境支离破碎，索然无味。

2.游戏使用，宜做"加法"

游戏是幼儿园一日活动的基本形式。许卓娅教授在其《幼儿园音乐教学游戏化设计》一书中，把游戏分为九大类，包括情境表演游戏、领袖模仿游戏、输赢竞争游戏、传递游戏等。这些游戏在幼儿园音乐教学中被恰当使用，能够大大提高游戏化的教学氛围，提高课堂趣味性，但是，如果使用不恰当，难度过高或者过低都不能起到很好的辅助作用，所以，游戏设置时可以运用难点前置、分层叠加的方法。例如，猜拳游戏的使用，先由教师与全体幼儿进行猜拳；幼儿熟悉猜拳的游戏规则后，再根据歌曲进行完整表演和游戏；幼儿能够完整表演后，再加用脚猜拳，提高难度和趣味性。

3.图谱使用，宜做"减法"

图谱的使用，遵循幼儿以具体形象思维为主的学习特点，主要是为了降低幼儿梳理和记忆歌词的难度。在使用图谱时，应在歌词基础上减少信息量，只做主要歌词或者信息的提示，避免过于详细，图片比歌词的文字还多、还复杂。对于过于繁杂的图谱，幼儿不但要记住歌词，理解图谱表达的意思，还要建立起歌词与这些图片的联系。繁杂的图谱对幼儿不但没有起到帮助作用，反而加重了负担。还有打击乐教学的图谱设计，教师应根据活动内容和幼儿实际水平，合理取舍，避免在一张谱子里将节奏、动作、打击乐器等全部呈现出来，像"地图"一样弄得幼儿眼花缭乱。

4.预令使用，宜做"减法"

音乐活动的前奏、间奏或者难点部分，教师通常会有固定的预令"预备——唱"，或者是有情境性的预令"开始——煎蛋""准备——下锅"等，用以提醒幼儿进入主题，降低幼儿由于不熟悉作品造成的紧张和焦虑感。预令的使用非常重要，更要讲究技巧。教师应根据教学现场幼儿的掌握情况和熟练程度，逐渐减少预令的次数和每一个预令的字数。例如，在打击乐活动"煎荷包蛋"中，开始教师每遍游戏使用五次预令，慢慢减少到三次，到最后减少到没有提醒或只点头示意；开始教师使用预令"准备——煎鸡蛋""准备——品尝啦"，提前一个八拍提醒，慢慢减少为"煎鸡蛋""品尝啦"，提前半个八拍提醒，到最后减少为不用语言提醒或者点头示意。

（二）研究反思

1.明确目的很重要，厘清关系是关键

理想的幼儿园音乐教学，应在游戏过程中，融入教学目的，淡化教学痕迹，落实教学目标，变传统课堂中的"让我学"为"我要学"，充分体现幼儿为本的教育理念，绝不是为了"游戏"而"游戏"。"游戏"是教学方法、策略、手段，但绝不是目的。教师在设计游戏化教学内容时，要目标清晰，合理取舍，难度适宜，合理运用游戏化的教学设计完成教学目标。

2.课堂调控很重要，教学素养是关键

游戏化教学课堂，需要教师作为引导者、合作者、支持者参与其中，变"生硬、灌输"为"激发、鼓励"，将幼儿的游戏兴趣调动至最佳状态，既不低迷、游离，又不兴奋、高亢。这就对教师的教学综合素养提出了更高的要求，教师要学习、反思、实践，循环往复，教学相长，在实践中不断提升自己的教学素养。

3.幼儿发展很重要，回归生活是关键

音乐教育作为艺术教育的一部分，应遵循《3—6岁儿童学习与发展指南》中艺术领域的总目标，以"发现美、表现美、创造美"为重要形式，用音乐浇灌每位幼儿心里那颗美的种子，丰富其想象力和创造力，引导幼儿学会用心灵去感受和发现美，用自己的方式去表现和创造美。让音乐成为幼儿生活中不可缺少的一部分，成为幼儿发泄情绪、感受生活、陶冶情操以及社会交往的一种方式和手段。

附录：幼儿园音乐教学游戏化课例设计

（一）小班音乐活动：小小鸟（情境表演游戏）

1. 活动目标

（1）让幼儿学会演唱歌曲，初步体验和表现休止符。

（2）让幼儿在手指游戏中，边玩边学唱歌曲。

（3）让幼儿感受歌曲亲切的情绪，体验与同伴交流的乐趣。

2. 活动准备

（1）两只小小鸟卡片。

（2）小鸟胸饰若干或小贴画若干。

3. 活动过程

（1）教师进行情境表演，充分调动幼儿注意力，引起幼儿兴趣。

"我们现在来到了大森林里。听！叽叽喳喳、叽叽喳喳，谁在叫？"

教师出示两只小小鸟卡片，结合情境表演歌曲中的"点头""亲亲""碰碰"动作。

教师请幼儿简单猜一猜"小鸟在干什么"。

（2）教师和幼儿共同进行手指游戏（见图1），熟悉歌曲旋律。

教师完整进行手指游戏动作表演，突出休止符处的处理（碰一碰"啵"，碰一碰"啵"）。

教师和幼儿共同进行手指游戏四至五遍，每一遍简单改变情境，增加游戏趣味

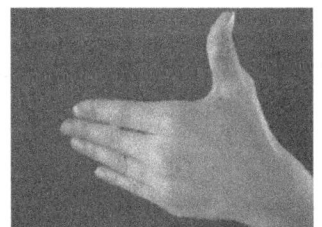
一只小小鸟

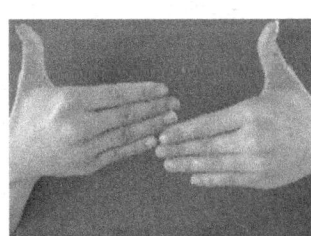
两只小小鸟

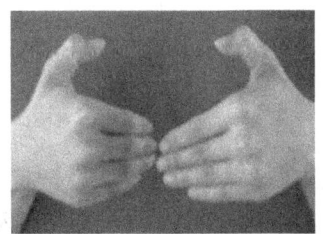
见面点点头，点点头

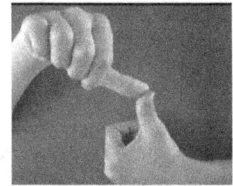
你亲亲我

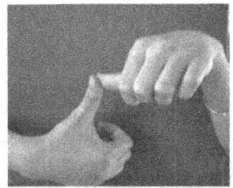
我亲亲你

碰一碰，碰一碰

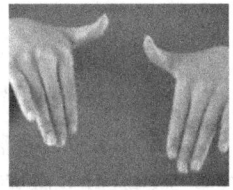
飞走了

图1　手指游戏图

性。如小鸟飞到脖子后面,飞到衣服里面,飞到椅子下面,飞到天空,不见啦。

游戏的过程由慢到快,由提示到不提示,循序渐进。

(3)教师和幼儿共同演唱歌曲,教师提醒幼儿用自然的声音完整演唱。

教师完整范唱三至五遍,并出示图片帮助幼儿梳理歌词。

教师提问:歌曲里有几只小小鸟?它们见面都做了哪些事情?(根据幼儿回答,出示相应动作图片)你能按照歌曲里的顺序给它们排排队吗?(根据歌词顺序,调整图片)

幼儿完整演唱歌曲,教师用动作和图片相应提示。

教师带领幼儿反思刚才的演唱,提出难点,逐一解决。

幼儿再次完整演唱,教师提醒幼儿带着好朋友在一起的欢快情绪演唱。

(4)活动延伸:教师将图片放到表演区,幼儿可以和同伴分角色表演唱。

附歌曲《小小鸟》:

一只小小鸟,
两只小小鸟,
见面点点头,
点点头,
你亲亲我,
我亲亲你,
碰一碰,
碰一碰,
飞走了。

(选自《许卓娅歌唱活动》,有改编。)

(二)小班音乐活动:我上幼儿园(传递游戏)

1.活动目标

(1)让幼儿理解歌词内容,学习用自然的声音演唱歌曲。

(2)让幼儿尝试跟随伴奏完整演唱歌曲,能大胆地边唱边表演。

(3)让幼儿感受游戏的快乐,产生喜欢上幼儿园的情感。

2.活动准备

(1)《我上幼儿园》音乐。

（2）教师录制的早晨幼儿入园视频。

3.活动过程

（1）教师和幼儿观看视频，教师讲述故事，让幼儿初步了解歌词内容。

教师讲述故事："早晨，爸爸妈妈去上班，宝宝来幼儿园了！这个宝宝不哭也不闹，高高兴兴来幼儿园了。他很勇敢，主动伸出手给医生阿姨晨检。他真有礼貌，跟教师问好，大声说'老师好'。咱们都跟他学学吧。"

教师与幼儿相互问好，为游戏做铺垫。

（2）教师和幼儿共同进行"点兵点将"游戏，熟悉歌曲旋律。

教师边唱边点，点到最后一名幼儿，幼儿起立说一声"老师好"，教师说"某某好"，并适当鼓励幼儿"有礼貌"。

根据幼儿现场情况，游戏重复进行四到五遍，最后两遍多点几名幼儿，保证所有的幼儿都被点到，参与游戏。

（3）教师和幼儿共同演唱歌曲，教师鼓励幼儿大胆跟着伴奏演唱。

教师范唱三至五遍，帮助幼儿梳理歌词。

教师提问：爸爸妈妈去上班，"我"去哪里了？"我"是怎样去幼儿园？"我"去幼儿园怎样跟老师问好？

根据幼儿回答，教师有意识地使用歌词原话进行小结。

幼儿共同演唱歌曲，教师鼓励幼儿用自然的声音跟随伴奏完整演唱。

（4）教师和幼儿共同根据歌词创编动作，边表演边唱。

教师与幼儿共同商量创编简单的动作，教师鼓励幼儿边表演边唱。

教师和幼儿共同演唱，自然结束活动。

附歌曲《我上幼儿园》：

> 爸爸妈妈去上班，
> 我上幼儿园。
> 我不哭，
> 也不闹，
> 叫声老师早。

（三）小班音乐活动：小乌龟（控制游戏）

1.活动目标

（1）让幼儿学唱歌曲，尝试用较有力的声音演唱歌曲中的"号子"部分。

(2)让幼儿用自己喜欢的小动物替换歌曲中的小乌龟。

(3)让幼儿体验歌曲欢快、活泼的节奏。

2.活动准备

准备小乌龟爬山坡PPT一张。

3.活动过程

(1)教师出示PPT图片讲述故事,让幼儿初步理解歌词。

教师讲述故事:"春天来了,草地上的花都开了,真漂亮。一只小乌龟背上面包和糖果,去春游啦!它爬呀,爬呀,爬不动。咱们给它加油吧?嗨嗨哟,嗨嗨哟,嗨嗨哟……"

教师将"号子"部分前置,为游戏做铺垫。

(2)师幼共同进行控制游戏,边游戏边熟悉歌曲旋律。

教师与幼儿共同创编动作和游戏情境。

"咱们也学小乌龟一起玩爬山的游戏吧!怎样学小乌龟?可以用小手学小乌龟在身体上爬,还可以在小椅子上'爬山';还可以自己变成一只小乌龟,在地上爬一爬……"

教师使用情境语言讲述游戏规则和玩法,"小乌龟爬山,爬到加油的地方要立刻静止不动,休息噢。"

根据幼儿创编的动作,进行四到五遍游戏。动作遵循由易到难、由静到动、由小动作到大动作、由上肢动作到全身动作的原则,层层递进。静止处,幼儿完全静止不动,到教师唱"号子",幼儿倾听,再到教师和幼儿共同齐唱"号子"。

第一至第三遍:幼儿的小手指分别在腿上"爬",在身体和头上"爬",在椅子上"爬"。

第四至第五遍:幼儿变成"小乌龟",跟着"乌龟妈妈"在活动场地里"爬"。

(3)教师和幼儿共同演唱歌曲,教师鼓励幼儿用自己喜欢的小动物替换"小乌龟"。

教师完整清唱一遍,幼儿倾听。

教师与幼儿分句合唱,增加趣味性。

幼儿完整演唱歌曲。

教师鼓励幼儿用自己喜欢的小动物替换歌词中的"小乌龟",教师和幼儿共同边表演边唱替换后的歌曲。

(4)活动延伸:教师提供小动物头饰若干,幼儿可以在表演区尝试创编并表演歌曲。

附歌曲《小乌龟》：

小小乌龟爬山坡，

嗨嗨哟，

嗨嗨哟，

带着面包和糖果，

嗨嗨嗨嗨哟。

（四）小班音乐活动：我家有几口（翻牌游戏）

1. 活动目标

（1）让幼儿在翻牌游戏中熟悉歌曲旋律和歌词，能完整演唱歌曲。

（2）让幼儿尝试用表演唱的方式向大家介绍自己的家人。

（3）让幼儿感受家人在一起的幸福，体验游戏的快乐。

2. 活动准备

教师准备音乐《我家有几口》、幼儿全家福照片、四张歌曲中的角色图片（贴在黑板上并用空白纸一一对应盖好）。

3. 活动过程

（1）教师出示全家福照片，导入活动主题，引出翻牌游戏。

教师播放音乐《我家有几口》，依次出示幼儿的全家福照片，营造温馨的氛围。

教师请个别幼儿介绍自己的全家福照片里有几口人，分别都是谁。

（2）教师和幼儿共同进行翻牌游戏，在游戏中熟悉歌曲旋律和歌词。

教师出示在黑板上提前贴好的图片（覆盖空白纸，看不到图片内容），讲述游戏规则："老师今天也带来一位小朋友的全家福照片，照片里都有谁呢？他们要和小朋友玩藏猫猫的游戏，一会儿老师来点兵点将，点到谁谁就来翻牌。"

教师播放四遍歌曲，教师和幼儿共同玩四轮游戏。每一轮游戏中，教师点到谁，谁到黑板前翻开一张图片。

（3）教师和幼儿共同演唱歌曲，教师引导幼儿用自然的声音完整演唱歌曲。

教师范唱歌曲三至五遍，提出问题，引导幼儿认真倾听，梳理歌词。

教师的问题是：歌曲里的小朋友家里有几口人？几口人分别是谁？你能按照歌曲的顺序给图片排排序吗？幼儿完整演唱，教师提醒幼儿用自然的声音演唱。幼儿演唱后教师简单反思，帮助幼儿学会难点句子。

（4）教师鼓励幼儿根据自己的全家福照片，有创意地进行演唱，介绍自己的家人。

幼儿演唱，教师根据实际情况适当帮助。如：幼儿家里有三口人的，可以将

"再加一个布娃娃"换成"啦啦啦啦啦啦啦";幼儿家里有五口人的,可以将"再加一个布娃娃"换成"还有爷爷和奶奶"。

教师进行积极鼓励和评价,鼓励幼儿进一步感受一家人在一起的幸福。

附歌曲《我家有几口》:

> 我家有几口?
> 看我掰指头。
> 爸爸、妈妈,还有我,
> 再加一个布娃娃,
> 哟!
> 有四口!

(五)小班音乐活动:小脚(情境表演游戏)

1.活动目标

(1)让幼儿在情境表演游戏中熟悉歌曲旋律,并用自然的声音完整演唱歌曲。

(2)让幼儿初步感受三拍子歌曲的强弱规律,注意空拍。

(3)让幼儿喜欢唱歌,体验与同伴一起游戏的快乐。

2.活动准备

教师准备音乐《小脚》、PPT课件(与歌词相匹配的图片)。

3.活动过程

(1)教师出示PPT图片,讲述故事,让幼儿初步理解歌词,并进行发声练习,难点前置。

教师讲述故事:"春天来了,小朋友们去郊游啦!小脚踏踏,踏进草地,叫醒了小花;小脚走走,走进树林,和小树打个招呼;小脚跳跳,像只小鸟;小脚蹦蹦,跳过板凳。听!他们高兴地唱起歌来了。"

教师出示相应图片,带幼儿唱"歌唱部分",进行发声练习,为游戏做铺垫。

"我和小花来唱歌,哩哩哩哩哩哩哩。"

"我和树儿来唱歌,沙沙沙沙沙沙沙。"

"我和小鸟来唱歌,叽叽叽叽叽叽叽。"

"我和板凳来唱歌,啦啦啦啦啦啦啦。"

教师播放音乐《小脚》,教师和幼儿共同进行四遍表演游戏,让幼儿在游戏中熟悉歌词和歌曲旋律。

（2）教师和幼儿共同进行控制游戏，边游戏边熟悉歌曲旋律。

教师带幼儿依次进行"踏踏""走走""跳跳""蹦蹦"，从坐到站，难度递增。

在"歌唱"部分进行控制游戏，幼儿由静止倾听过渡到摆造型倾听，难度递增。

（3）教师和幼儿共同演唱歌曲，教师鼓励幼儿用自然的声音完整演唱，让幼儿注意空拍，并初步感受三拍子强弱特点。

教师完整范唱三至五遍，通过提问引导幼儿认真倾听，进一步熟悉歌词。

教师提问：歌曲里的小脚都做了哪些游戏？小脚都遇到了谁？小花怎样唱歌？树儿怎样唱歌？小鸟和板凳怎样唱歌？

幼儿完整演唱歌曲，教师提醒幼儿记不住的时候可以看图片或者听老师提示。

幼儿演唱后，教师反思，帮助幼儿单独练习难点句子。

教师以情境性语言提醒幼儿每一句的最后两个字要轻声唱，让幼儿初步感受三拍子的强弱特点。

教师与幼儿分组演唱，体验歌唱的快乐。

附歌曲《小脚》：

小脚踏踏，
叫醒小花，
哩哩哩哩哩哩哩。
小脚跳跳，
多像小鸟，
叽叽叽叽叽叽叽。
小脚走走，
树儿点头，
沙沙沙沙沙沙沙。
小脚蹦蹦，
跳过板凳，
啦啦啦啦啦啦啦。

（六）中班音乐活动：拉拉钩（身体接触游戏）

1. 活动目标

（1）让幼儿在拍花掌的游戏中熟悉歌曲旋律，并能有表情地完整演唱歌曲。

（2）让幼儿根据歌词内容创编动作，边唱边表演。

(3)让幼儿体验与朋友在一起的快乐，发生矛盾要相互原谅。

2.活动准备

教师准备音乐《拉拉钩》、PPT图片、每位幼儿右手腕戴的手环。

3.活动过程

(1)教师出示PPT图片讲述故事，让幼儿初步理解歌词。

教师讲述故事："两个好朋友都生气了，谁也不理睬谁，小嘴巴都翘起来了。可是只过了一小会儿，你伸小指头，我伸小指头，拉拉钩和好了。两个好朋友，又一起玩起了拍花掌的游戏。"

(2)教师和幼儿共同进行拍花掌游戏，边游戏边熟悉歌曲。

教师引导幼儿根据已有经验，做出各种拍花掌的动作。

教师和幼儿共同游戏四至五遍，边游戏边熟悉歌曲。

游戏规则和玩法：在间奏前半部分做生气的样子（幼儿自主创编抱臂或者叉腰等），在间奏后半部分进行拉拉钩和拍花掌，两拍一个动作。

拍花掌形式难度递增：双手掌心—双手手背—单手交叉（先出戴手环的手）。

游戏难度递增：教师与一名能力强的幼儿示范—两名幼儿示范—幼儿两两相对进行拍掌。

(3)教师和幼儿共同演唱歌曲，教师鼓励幼儿用自然的声音完整演唱。

教师完整范唱三至五遍，通过提问引导幼儿认真倾听，进一步熟悉歌词。

教师提问：歌曲里的两个好朋友发生了什么事情？最后，他们通过什么方式又做好朋友了？

幼儿完整演唱歌曲，教师提醒幼儿记不住的时候可以看图片或者听教师提示。

幼儿演唱后，教师反思，帮助幼儿练习难点句子。

(4)教师引导幼儿创编好朋友一起玩的动作替换拍花掌，一边唱歌一边表演。

教师引导幼儿探讨，好朋友在一起还可以做什么游戏或者动作？

幼儿与同伴共同演唱并表演，体验好朋友在一起的快乐。

(5)教师小结：好朋友生气了，原来有这么多好办法可以和好如初啊。

附歌曲《拉钩钩》：

你也生气了，
我也生气了，
不理不睬，
不理不睬，

小嘴巴往上翘呀,

小嘴巴往上翘呀。

你伸小指头,

我伸小指头,

拉钩钩,

拉钩钩,

拉钩钩,

我们又做好朋友呀,

我们又做好朋友呀。

(七)中班音乐活动:过家家(传递游戏)

1.活动目标

(1)让幼儿在传递游戏中学唱歌曲,能完整演唱歌曲。

(2)让幼儿尝试用替换词语的方法,仿编歌词并演唱。

(3)让幼儿感受说唱歌曲的乐趣。

2.活动准备

教师准备各类常见蔬菜的PPT图片、小铲子、图谱。

3.活动过程

(1)师幼互动,让幼儿初步了解歌词内容。

教师讲述故事:"今天我们来玩过家家的游戏吧。有人做爸爸,有人做妈妈,有人做娃娃。娃娃肚子饿了,我们就给他炒小菜,喂喂他。怎么炒小菜?"

教师引导幼儿创编"炒小菜"动作,为游戏做铺垫。

(2)教师和幼儿共同进行"传递小铲子"游戏,并将替换歌词的难点前置。

教师讲述游戏规则:小铲子放在一把椅子上,我们一起有节奏地走圆圈,歌曲唱完,小铲子在谁的旁边,谁就来"炒小菜",并告诉大家"炒"了什么"菜",我们一起来"品尝"。

教师和幼儿共同游戏四至五遍(配乐),难度递增。炒菜的幼儿说出菜名,例如菠菜,教师协助幼儿一起按照歌曲节奏说"炒菠菜,炒菠菜,炒好菠菜开饭了。大家快来喂喂小娃娃啦!"

(3)教师和幼儿共同演唱歌曲,鼓励幼儿大胆跟着伴奏演唱。

教师范唱三至五遍,帮助幼儿梳理歌词。

教师提问:"我们"来玩什么游戏?怎样炒菜?你还听到歌曲里唱了什么?

根据幼儿回答,教师出示图谱,并请幼儿根据歌词顺序排排序。

幼儿完整演唱后,教师反思,帮助幼儿练习难点句子。

幼儿用替换词语的方式仿编歌词,并完整演唱。

(4)教师和幼儿共同表演唱,感受歌唱的乐趣。

教师与幼儿一起围成一个"大锅",根据歌词创编简单的动作。

教师与幼儿共同表演唱,自然结束活动。

附歌曲《过家家》:

(男)我来做爸爸呀,
(女)我来做妈妈,
我们一起来呀,
来玩扮家家。
炒小菜,
炒小菜,
炒好小菜开饭了。
小菜炒好了呀,
味道好极了呀,
娃娃肚子饿了,
我们来喂他。

(八)中班音乐活动:小树叶(领袖游戏)

1. 活动目标

(1)让幼儿在游戏中熟悉歌曲旋律,并能完整演唱歌曲,唱准附点音符。

(2)让幼儿能尝试用不同的声音变化,表现两段歌曲不同的情绪。

(3)让幼儿感受小树叶对大树妈妈的依恋之情,体验游戏的乐趣。

2. 活动准备

教师准备大纱巾一条、秋天景色的PPT图片(秋风、大树、落叶)。

3. 活动过程

(1)教师讲述故事,引出游戏。

教师讲述故事:"秋风吹起来了,把小树叶吹落了,小树叶飘呀,飘呀,会飘到哪里呢?小树叶沙沙沙,好像在说,春天我还会回来,打扮树妈妈。"

教师与幼儿互动,鼓励幼儿参与游戏,激发幼儿兴趣和情境融入感。

(2)教师和幼儿共同进行领袖游戏,边游戏边熟悉歌曲旋律。

教师用情境性语言讲述游戏玩法:"我来扮演秋风姐姐,你们来扮演小树叶,秋风吹起来,小树叶飘起来。秋风向上吹,向下吹……小树叶随着风的方向飘起来。到歌曲的最后一句,大纱巾飘到谁的身上,谁就拿起纱巾到圆圈中间扮演秋风,秋风怎样吹,我们就怎样飘。"

教师和幼儿共同游戏四至五遍,根据游戏玩法,幼儿轮流做领袖。教师提醒幼儿动作多样,节奏渐快,增强趣味性。

(3)教师和幼儿共同演唱歌曲,教师鼓励幼儿用不同的声音,表现歌曲不同的情绪。

教师完整范唱三至五遍,通过提问引导幼儿认真倾听,进一步熟悉歌词。

教师提问:小树叶飘起来,心里怎样想的?小树叶怎样说话?小树叶好像在说什么?

幼儿完整演唱歌曲后,教师反思难点并解决。

教师提醒幼儿以柔和的、有力的声音,表现两段歌词不同的情绪。

(4)幼儿以多种方式分组演唱,感受歌唱的乐趣和小树叶对大树妈妈的依恋之情。

附歌曲《小树叶》:

> 秋风起来啦,
> 秋风起来啦,
> 小树叶离开了妈妈,
> 飘呀,飘呀,飘向哪里?
> 心里可害怕?
> 小树叶沙沙,
> 沙沙沙沙沙,
> 好像在勇敢地说话,
> 春天春天我会回来,
> 打扮树妈妈。

(九)中班音乐活动:哈罗哈罗(队形变换游戏)

1.活动目标

(1)让幼儿完整演唱歌曲,唱出与同伴游戏的快乐情绪。

(2)让幼儿尝试创编招手、拥抱等和朋友打招呼的不同动作,与朋友边唱边游戏。

（3）让幼儿感受歌曲欢快、活泼的节奏和与同伴游戏的乐趣。

2.活动准备

教师准备音乐《哈罗哈罗》。

3.活动过程

（1）教师和幼儿互动，直接导入主题，引出游戏。

教师问："见到好朋友我们怎样打招呼？"教师根据幼儿回答，梳理出两三种不同的方法，为互动表演做准备。

（2）教师和幼儿共同进行互动表演，教师鼓励幼儿唱出与同伴游戏的快乐情绪。

教师范唱三遍，提问：歌曲中好朋友见面用什么方式打招呼？好朋友在一起都做了哪些事情？好朋友在唱歌跳舞之前先做了一个什么动作？

幼儿完整演唱两遍，教师反思，帮幼儿练习难点句子。

（3）教师和幼儿共同边唱歌，边进行队形变换游戏，让幼儿感受与朋友游戏的乐趣。

师幼共同站成大圆圈，幼儿两两面对面，边唱边表演，重复三至四遍。

教师鼓励幼儿自主创编"打招呼""真高兴"对应的动作，唱到最后"来跳舞"时跳转换朋友。

（4）活动延伸：游戏延伸到户外活动热身环节，可根据熟练程度继续提升难度，让幼儿互换位置，跳转换朋友。

附歌曲《哈罗哈罗》：

哈罗哈罗，
哈罗哈罗，
我们都是好朋友。
哈罗哈罗，
哈罗哈罗，
我们见面真开心。
拉起小小手，
我们一起来唱歌，
拉起小小手，
我们一起来跳舞。

（十）中班音乐活动：快乐的小蜗牛（表演游戏）

1.活动目标

（1）让幼儿在表演游戏中熟悉歌曲旋律，并用自然的声音完整演唱歌曲。

（2）让幼儿感受三拍子歌曲的强弱规律，用跳跃和连贯的声音演唱歌曲不同的部分。

（3）让幼儿感受小蜗牛不怕困难、开朗乐观的精神。

2.活动准备

教师准备音乐《快乐的小蜗牛》、图谱、一个小蜗牛头饰。

3.活动过程

（1）教师戴蜗牛头饰讲述故事，让幼儿初步理解歌词。

教师边表演边讲述故事："我是一只快乐的小蜗牛，我要去旅游啦。背上房子，伸出触角，一边走一边看，从来不回头。蜗牛朋友们，咱们一起去旅游吧！"

（2）教师和幼儿共同进行表演游戏，边游戏边熟悉歌曲旋律。

教师带幼儿随歌曲音乐围圈，表演游戏，增加"小蜗牛上山坡""小蜗牛钻山洞""小蜗牛过小桥"等情节，增加游戏趣味性。

游戏重复三至四遍，每次到"咿呀儿哟，呀咿儿哟"处，做同样的动作，难点前置。

教师增加情节"刮风下雨怎么办"，让幼儿更好地理解第二段歌词。

（3）教师和幼儿共同用多种方法演唱歌曲，感受歌唱的乐趣。

教师范唱三至五遍，再与幼儿合作演唱。

教师唱歌词，幼儿唱"哟哟"，并创编动作，边唱边表演。

教师提问："我"是一只什么样的小蜗牛？小蜗牛怎样去旅游？歌曲还唱了什么？教师与幼儿梳理歌词。

幼儿完整演唱后，教师反思，帮助幼儿练习难点句子。

教师出示第二段的图谱，与第一段形成对比，教师与幼儿根据图谱一起来创编第二段的动作并演唱。

幼儿用分段、分组等多种方式，合作完整演唱歌曲。教师提醒幼儿用跳跃和连贯的声音演唱歌曲不同的部分。

附歌曲《快乐的小蜗牛》：

我是快乐的小蜗牛（哟哟），

背着房子去旅游（哟哟）。

伸出两只小触角（哟哟），

一边看来一边走（哟哟）。

咿呀儿哟，

呀咿儿哟，

我从来不回头，

不回头（哟哟）。

我是快乐的小蜗牛（哟哟），

天南地北去旅游（哟哟）。

刮风下雨我不怕（哟哟），

躲进小屋乐悠悠（哟哟）。

咿呀儿哟，

呀咿儿哟，

天晴了我再走，

我再走（哟哟）。

天晴了我再走，

我再走（哟哟）。

哈哈！

（十一）中班音乐活动：小人书不要哭（益智游戏）

1.活动目标

（1）让幼儿在猜谜游戏中熟悉歌曲旋律，并能完整演唱歌曲，注意附点音符和切分音。

（2）让幼儿能通过表情和动作表现小人书"伤心"和"高兴"两种不同情绪。

（3）让幼儿体验猜谜游戏的乐趣，知道爱护图书。

2.活动准备

教师准备展现被撕破的小人书图片、多幅修补过的小人书图片、拼图游戏图片的PPT。

3.活动过程

（1）教师结合PPT图片讲述故事，让幼儿初步理解歌词内容。

教师讲述故事："这本小人书躺在桌子上哭了，哭得好伤心啊。为什么呢？原来是哪个小朋友不小心把它的脸撕破了，怎么办呀？我们来帮帮它吧。"

（2）教师和幼儿共同进行猜谜游戏，边游戏边熟悉歌曲。

教师出示PPT图片,让幼儿找一找小人书被撕下来的部分是哪个图片。

游戏重复四至五遍,PPT展示同一本小人书不同的破损情况,被撕下来的纸片越来越小,形状越来越复杂,难度递增。

出示图片时,教师唱"哪个小朋友呀把它脸撕破",幼儿找到答案后,教师唱"小人书,你别哭,我来将你补……"让幼儿边游戏边熟悉歌曲。

(3)教师和幼儿共同演唱歌曲,注意附点音符和切分音。

教师范唱三至五遍,和幼儿一起梳理歌词。

教师提问:小人书怎么了?为什么哭?小人书被补好后,小人书怎样了?

幼儿完整演唱后,教师反思,帮幼儿练习难点句子。

教师和幼儿完整演唱歌曲,教师提醒幼儿通过表情和动作表现小人书"伤心"和"高兴"的不同情绪,边表演边唱。

(4)活动延伸:教师请幼儿到图书区听听有没有在"哭泣的小人书",拿起胶水、剪刀、双面胶等工具,去帮帮它们。

附歌曲《小人书不要哭》:

有本小人书,
躺在桌上哭,
呜呜呜,
呜呜呜,
躺在桌上哭。
哪个小朋友呀把它脸撕破,
哪个小朋友呀把它脸撕破。
小人书,
你别哭,
我来将你补,
小人书听了,
哈哈哈哈,
哈哈哈哈,
笑呀笑呵呵。

（十二）大班音乐活动：捏面人（猜谜游戏、益智游戏）

1.活动目标

（1）让幼儿理解歌词意思，以说唱结合的方式完整演唱歌曲。

（2）让幼儿尝试仿编歌词念白部分，边唱边表演歌曲。

（3）让幼儿感受说唱的乐趣，萌发对捏面人传统民间艺术的喜爱。

2.活动准备

教师准备课件和歌曲图谱。

3.活动过程

（1）结合课件，师幼互动，导入歌曲。

教师讲述："捏面人是我国民间传统艺术。有位捏面人的老爷爷本领可大了，捏出来的面人把人眼睛都看花了。"

教师提问：老爷爷都捏了什么呀？除了这些，猜一猜老爷爷还会捏什么样的面人？

教师边唱边表演，在念白部分只做动作，请幼儿猜一猜，并出示相应图片。

（2）教师和幼儿共同进行益智游戏"真假面人"，让幼儿熟悉歌曲旋律。

教师出示课件图片，引导幼儿对比观察，找出哪一个面人是老爷爷捏的。

幼儿观察、寻找，教师边唱边提问，帮助幼儿在游戏中熟悉歌曲。

（3）教师和幼儿以多种形式演唱歌曲，感受歌唱的快乐。

教师和幼儿合唱，歌曲部分与念白部分分开。

层层递进，教师和幼儿齐唱，然后幼儿完整演唱。

（4）教师鼓励幼儿大胆仿编歌词念白部分，感受创编的乐趣。

教师引导幼儿合作仿编念白歌词，并完整演唱。

教师请幼儿上台，让幼儿边唱边做出相应的动作，体验说唱歌曲的乐趣。

（5）延伸活动：教师将捏面人的图片贴在美工区，鼓励幼儿尝试捏简单的面人，进一步促进幼儿萌发对捏面人这种传统民间艺术的喜爱。

附歌曲《捏面人》：

> 捏面人的老爷爷本领大，
> 捏出来的面人把眼睛看花。
> 捏的什么呀？
> 捏的什么呀？
> 你说捏啥就捏啥！

捏一个猪八戒吃西瓜，

捏一个唐僧骑大马，

捏一个沙和尚挑着箩，

再捏一个孙悟空变戏法。

爷爷本领真正大！

（十三）大班音乐活动：表情歌（队形变换游戏）

1.活动目标

（1）让幼儿在队形变换游戏中熟悉歌曲旋律，并能完整演唱歌曲。

（2）让幼儿根据生活经验，改编歌词。

（3）让幼儿感受与同伴歌唱和游戏的乐趣。

2.活动准备

教师准备表情娃娃图片。

3.活动过程

（1）教师出示表情娃娃图片，教师和幼儿互动导入歌曲。

教师提问：小朋友们看到了哪些表情娃娃？

教师小结：每个宝宝都是有趣的表情娃娃，我们来玩表情游戏吧。

（2）教师和幼儿共同进行表演游戏，边游戏边熟悉歌曲。

教师提问：当你高兴的时候，会做什么动作？

根据幼儿回答，教师和幼儿边唱边做动作。

游戏中教师把握难度，层层递进，间奏处从拍两次手，到拍三次手，再到双人合作拍手。

（3）教师和幼儿共同进行队形变换游戏，教师鼓励幼儿边唱边游戏。

队形难度层层递进：散点同伴面对面——单圈大左右（原地）——单圈大左右（转身换朋友）。

教师和幼儿共同游戏，教师提醒幼儿边唱边游戏。

教师自然引出第二段，引导幼儿创编"轻轻哭"动作，继续游戏。

（4）教师鼓励幼儿根据表情娃娃改编歌词，并与同伴完整表演，感受歌唱的乐趣。

附歌曲《表情歌》：

我高兴，

我高兴，

我就拍拍手。

（拍手）我就拍拍手。

（拍手）看大家一起拍拍手。

（拍手）（拍手）

我难过，

我难过，

我就轻轻哭。

（轻哭）我就轻轻哭。

（轻哭）看大家一起轻轻哭。

（轻哭）（轻哭）

（十四）大班音乐活动：勤快人和懒惰人（输赢竞争游戏）

1.活动目标

（1）让幼儿在游戏中熟悉歌曲旋律，能用不同的节奏完整演唱歌曲。

（2）让幼儿能边唱歌边与同伴进行猜拳竞争游戏，并根据输赢做出相应动作。

（3）让幼儿感受勤快人和懒惰人的不同形象，体验与同伴共同游戏的快乐。

2.活动准备

（1）经验准备：让幼儿学会猜拳游戏。

（2）教师准备与歌词匹配的PPT图片。

3.活动过程

（1）教师结合PPT讲述故事，引出游戏。

教师讲述："在厨房里有一个勤快人，他在快乐地劳动。请看，他在做什么？他在炒菜、煮饭、蒸馒头。还有一个懒惰人，他不炒菜，不煮饭，不蒸馒头，他在呼呼睡大觉。"

（2）教师和幼儿共同进行猜拳游戏，让幼儿在游戏中熟悉歌曲，为演唱歌曲做铺垫。

教师讲述游戏玩法：谁来当勤快人，谁来当懒惰人，猜拳来决定，赢了的当勤快人，输了的当懒惰人。

教师引导幼儿创编"勤快人"和"懒惰人"的动作。

在第一句"他不炒菜，他不煮饭，他也不蒸馒头"处，幼儿猜拳，在后一句歌词中幼儿根据输赢做自己的动作。

（3）教师和幼儿共同演唱歌曲，用不同的节奏唱出歌曲中表达的不同情感。

教师和幼儿共同演唱，教师引导幼儿进行反思，提出难点问题，教师与幼儿共同解决。

教师提示幼儿用不同的节奏表现歌曲中两个不同的形象。

（4）教师鼓励幼儿根据生活经验，大胆仿编歌词并完整演唱。

教师引导幼儿仿编"炒菜、煮饭、蒸馒头"部分，"勤快人在厨房里还会做什么呢？请你试试，把他做的事唱到歌曲里吧！"

教师鼓励幼儿仿编后完整演唱，体验仿编歌曲的乐趣。

附歌曲《勤快人和懒惰人》：

有个勤快人呀，
正在厨房劳动。
他在炒菜，
他在煮饭，
他还在蒸馒头。
他在炒菜，
他在煮饭，
他还在蒸馒头。
有个懒惰人呀，
正在厨房睡觉。
他不炒菜，
他不煮饭，
他也不蒸馒头。
他不炒菜，
他不煮饭，
他也不蒸馒头。

（十五）大班音乐活动：家（猜谜游戏）

1.活动目标

（1）让幼儿在猜谜游戏中熟悉歌曲，能用自然的声音完整演唱歌曲。

（2）让幼儿用动作表演出自己猜测的谜底，注意空拍。

（3）让幼儿喜欢唱歌，产生热爱大自然的情感。

2. 活动准备

教师准备与歌词匹配的PPT图片（大海、树林、蓝天、地球等）。

3. 活动过程

（1）教师结合PPT图片，导入歌曲。

教师引导幼儿观察图片，说说图片里的内容。

教师根据幼儿的回答，追问引出歌词，"什么颜色的大海？什么样的树林？"

（2）教师和幼儿共同进行猜谜游戏，教师引导幼儿尝试表演出自己猜测的谜底。

教师清唱第一遍，请幼儿倾听。教师将"鱼儿""小鸟""太阳""我们"都唱成"什么"。

教师演唱第二遍，请幼儿将自己猜到的谜底用动作表演出来，教师根据幼儿动作猜谜底，然后再随机唱到歌曲里。

教师演唱第三遍，出示"鱼儿""小鸟""太阳""我们"的影子，请幼儿猜一猜。

教师演唱第四遍，出示"鱼儿""小鸟""太阳""我们"的图片，请幼儿验证自己的猜测。

（3）教师和幼儿共同演唱歌曲，提醒幼儿注意空拍。

教师和幼儿共同演唱，教师引导幼儿进行反思，提出难点问题，教师与幼儿共同解决。

教师引导幼儿根据歌词创编动作，边唱边表演。

（4）师幼互动讨论，激发幼儿热爱大自然的情感。

教师出示被污染的海洋、森林等图片，引导幼儿简单讨论造成污染的原因。

教师小结：不乱扔垃圾，不使用一次性餐具，购物不使用塑料袋……爱护我们共有的家园。

（5）活动延伸：请幼儿设计提示牌，提醒人们保护环境、爱护自然。

附歌曲《家》：

蓝色的大海是鱼儿的家，
密密的树林是小鸟的家，
嗨啦……
嗨啦……
啊……
小朋友呀去玩耍，
可别破坏它们的家。

高高的蓝天是太阳的家，

美丽的地球是我们的家，

嗨啦……

嗨啦……

啊……

小朋友呀去玩耍，

可别破坏他们的家。

（十六）大班音乐活动：小鼓手（表演游戏、玩鼓游戏）

1. 活动目标

（1）让幼儿理解歌词内容，能用活泼、欢快的情绪完整演唱歌曲。

（2）让幼儿用不同的音量唱出副歌部分的强弱变化，注意空拍。

（3）让幼儿体验当小鼓手的自豪和与同伴合作游戏的乐趣。

2. 活动准备

教师准备一个小鼓、一个鼓槌、歌曲图谱、歌曲音乐。

3. 活动过程

（1）故事导入，铺垫节奏游戏。

教师出示小鼓手图片，讲述故事，帮助幼儿理解歌词内容："我是一名神气的小鼓手，我一敲起大鼓啊，花儿听了点点头，小鸟听了都跳起了舞，小朋友听了很高兴，连太阳公公都微微笑，你们说我是不是很神气？你们想当小鼓手吗？怎么敲鼓？"

教师鼓励幼儿创编不同的敲鼓动作，教师进行总结提升。"

（2）节奏游戏，引导幼儿熟悉歌曲。

让幼儿根据自己创编的敲鼓动作进行节奏游戏。

游戏进行三至四遍，循序渐进，逐渐提高难度，为后面强弱及空拍的难点练习做好铺垫。

（3）图谱辅助，逐步渗透教学难点。

教师范唱四至五遍，每一遍提出不同层次的问题，引导幼儿认真倾听，帮助他们记忆歌词。问题如下。

"我是一个小鼓手"这句话在歌曲中出现几次？

都有谁听到敲鼓？顺序是怎样的？他们听到后分别怎样表现？（出示相应图谱）

除了这些你还听到什么？（出示相应图谱）

幼儿完整演唱，提出难点，幼儿相互解决。教师提醒幼儿用活泼、欢快的情绪完整演唱歌曲。

幼儿完整演唱，教师提醒幼儿用不同的音量唱出副歌部分强弱变化，唱准空拍。

（4）夺鼓游戏，解决教学难点。

教师将幼儿分成两队，讲述游戏规则：小朋友要边唱歌边自由做动作，唱到"哎"的时候，两队队长分别离开座位跑到前面夺取鼓槌。最先夺到鼓槌的一队为小鼓手，轮流敲鼓，没有夺到的一队为啦啦队，拍手加油。

幼儿边唱边游戏两遍，自然结束。

附歌曲《我是小鼓手》：

> 我是一个小鼓手，小呀小鼓手，
> 敲起大鼓咚咚咚，咚咚咚咚咚。
> 太阳听了微微笑，花儿听了脸儿红，
> 小鸟听了跳起舞，我们听了都高兴。
> 哎！咚咚咚咚咚咚咚，咚咚咚咚咚咚咚，
> 咚咚，咚咚，咚咚咚咚咚！

幼儿教学活动中的游戏性

青岛市文登路幼儿园 / 王晨

《3—6岁儿童学习与发展指南》中明确指出:"幼儿的学习是以直接经验为基础,在游戏和日常生活中进行的。要珍视游戏和生活的独特价值,创造丰富的教育环境,合理安排一日生活,最大限度地支持和满足幼儿通过直接感知、实际操作和亲身体验获取经验的需要。"

一、幼儿教学活动中的游戏性的体现

喜欢游戏是每一个孩子的天性。在幼儿教学中,教师可以抓住幼儿的这一天性开展游戏化教学,一边通过教育游戏给孩子传授知识,一边引导幼儿感觉到学习和成长的快乐,在这个过程中促进幼儿健康成长和全面发展。游戏是幼儿生活和学习的主要方式,从某种意义上来说,幼儿的各种能力都是在游戏中逐渐发展起来的。

幼儿不喜欢被束缚,他们喜欢在广阔的天地里玩耍。如果把他们固定在教室内,会限制他们一些能力的发展,而廊道游戏则扩展了幼儿的游戏空间,让幼儿扮演社会中的各种角色,加强他们的生活体验,使他们了解当前社会的生活形式,具有很好的教育作用,同时也能锻炼幼儿各方面的能力。那么,幼儿活动中的游戏性是如何体现的?下面将结合具体案例分析。

(一)"我爱橡皮泥"活动

美术教学是幼儿教学的一个重要的组成部分。在美术教学中,教师发现幼儿普遍喜欢黏合力比较强而且色彩十分艳丽的橡皮泥。为了迎合幼儿的学习兴趣,教师开展了"我爱橡皮泥"这一游戏活动。在这之前,幼儿普遍玩过橡皮泥,但是只是停留在"捏一捏""搓一搓"阶段,并没有用橡皮泥制作过造型。由于幼儿普遍玩过橡皮泥,对橡皮泥的特点有初步的了解,所以教师直接跳过了"橡皮泥特点介绍"这一步。在具体的游戏活动中,教师采取的步骤如下。

首先，教师利用多媒体给幼儿展示各种好看的橡皮泥造型，有幼儿在生活中经常见到的水果，如苹果、草莓、香蕉；还有一些可爱的小动物，如蜗牛、刺猬；还有其他造型，如花朵、棒棒糖。在展示这些橡皮泥造型过程中，所有幼儿的注意力都被集中起来，他们目不转睛地盯着屏幕，不时发出欢呼。得知这些造型都是橡皮泥捏出来的，幼儿半信半疑，个个都表现出跃跃欲试的姿态。接下来，教师根据幼儿非常喜欢看的动画片《喜羊羊与灰太狼》，利用多媒体呈现出喜羊羊的卡通图像，然后对幼儿进行分组，以四个人为一组，每个小组成员共同用橡皮泥捏出"喜羊羊"造型。教师告诉幼儿最后会展开评比活动，哪一个小组的造型捏得可爱将会获得一定的奖励。幼儿的兴趣被充分调动起来，以饱满的热情和兴趣投入到游戏活动之中。在幼儿捏橡皮泥过程中，教师在一旁巡视，但是很少去干预幼儿，将课堂交给幼儿，促使幼儿发挥自身的主观能动性。最后，在幼儿创造结束之后，教师没有急于给出评价，而是让每个小组将自己的作品摆出来，先让小组自评，然后开展组间互评，最后大家评选出"最佳造型奖""最佳配合奖""最具智慧奖"。对每个获奖的小组，教师奖励了不同的贴纸，给予鼓励。

"我爱橡皮泥"这一游戏活动主要是为了培养幼儿的动手操作能力、审美能力和创造能力。采取小组合作教学法以及让幼儿自主评价，是为了培养幼儿的合作精神、团队协作能力和自我评价能力。在这个过程中，教师很少去干预，是为了给幼儿提供最大限度的自我发挥空间，进一步发展幼儿的协调性、感知能力和自主学习能力。

（二）"两人三足"活动

"两人三足"活动是一类亲子游戏活动，深受幼儿和家长的喜爱。具体的游戏方法如下：每个家庭派一对亲子参加游戏，用皮筋带绑紧每对亲子相互靠着的两条腿，幼儿和家长听到口令后一起朝着终点跑，最先从起点跑到终点的家庭获胜。游戏规则是不准抢跑，如果在中途摔倒要立即停下来，在下一轮比赛中重新再跑，也可以自动放弃比赛。

在这个游戏活动中，教师一共准备五条赛道和十条宽皮筋带。在游戏活动正式开展之前，教师先带领全体幼儿和家长做简单的腿部放松操，避免接下来突然的剧烈运动造成幼儿或家长出现运动损伤情况。接着教师给家长和幼儿讲解"两人三足"活动的具体游戏规则。最后教师让所有家庭的家长和幼儿相互交流一下怎样走才能在游戏活动中既走得稳又走得快。在一切准备结束之后，教师充当裁判，"发号施令"，五个家庭参加同一轮比赛，最终用时最短的家庭为获胜家庭。

"两人三足"活动主要是为了促进幼儿与家长之间的情感交流，同时也可以培养幼儿动作的灵活性和协调性，增强幼儿的身体素质，达到"寓教于乐"的最终目标。

游戏与教学的有效整合是学前教育课程发展和改革的基本要求，对于培养幼儿完整的人格以及促进幼儿全面发展具有重要作用。随着教育改革力度不断加大，游戏活动与学前教育的结合也会不断深入，教师还需要进一步完善和补充，以实现教育因素与游戏因素的融合。

（三）廊道游戏

廊道游戏扩展了幼儿的游戏空间，让幼儿扮演生活中的各种角色，加强他们的生活体验，使他们了解当前社会的生活形式，具有很好的教育作用，同时也能锻炼幼儿的各方面能力。在小小的廊道中总是会发生各种有趣的事情。

游戏开始前，教师先为幼儿讲述了游戏中一些注意事项，和幼儿一起准备相关的道具，和幼儿交流他们对外卖流程的了解情况，指明两位幼儿分别扮演点餐人员和送餐人员，为他们讲述具体的点餐流程，再让他们结合自己的理解完成游戏，提醒其他幼儿注意观察和聆听他们的对话。

1.对话

今天安安是一名银行工作人员，接待完小客人之后，安安觉得自己没有事情做了，便开始无聊起来，之后托着自己的小脸左顾右看。过了一会儿，安安便自言自语，隐约听到他说："快到吃饭时间了，我的肚子都饿了。"说完，他坐在那里思考了一番，便走到旁边小吃店与一位服务员熙熙交流，接着，又快速回到银行，拿起桌子上的电话，熟练地按着电话号码，模仿大人的话语跟电话那边聊起来。

安安说："我现在好饿，想点一些东西吃，你们送不送呀？"

熙熙说："你想吃什么？我们送过来。"

安安说："我要一碗面条和三个小笼包。"

熙熙说："好的，我们做完就送过来。"

安安说："你送到银行哦。"

熙熙说："好的，你稍等一会儿。"

2.讨论

回到教室，教师便请安安把他和熙熙的游戏情况分享给小朋友们，安安刚说完，幼儿就开始热烈地讨论。一脸茫然的浩浩站起来问："老师，为什么打个电话就可以把吃的送到银行呀？"

萱萱马上举起小手说："这个我知道，我爸爸、妈妈就在手机上点过吃的，不用出门，一位叔叔拿着吃的就会送过来。"

航航说："哇，好神奇，下次我也要试一试。"

教师看到每位孩子的小眼睛里充满着好奇，便给他们解释道："打电话点餐是我们现在很常用的,它的名字叫外卖。你们在家里见过爸爸、妈妈点外卖吗?"

萱萱说:"见过见过,我还知道一个外卖的图案,是圆圆的、绿绿的。"

安安说:"我也经常看到妈妈点外卖,所以才打电话的。"

接下来,教师便给小朋友们看了几种常见的外卖标识,有美团外卖、饿了么,等等。教师告诉他们现在有很多人在手机上点餐食,然后就会有穿着制服的外卖工作人员把吃的东西送来。这时,阳阳问道:"老师,那外卖员是怎么送外卖的呢?"教师听完这个问题,决定让小朋友们继续讨论一下,锻炼他们思考的能力。这时,他们三三两两地开始讨论了。有人说:"外卖员需要包。"有人说:"外卖员需要车子。"还有人说:"外卖员需要制服。"听完他们的讨论之后,教师讲道:"你们说得都非常正确,外卖员需要统一的制服,还需要盛放饭菜的保温盒子,还需要运送饭菜的车子。"讲完之后,小朋友们开心地点了点头。

在小朋友们了解了那么多关于外卖的知识后,当然也得让他们亲身实践了。教师给他们布置了任务,让他们每个人回去模仿爸爸、妈妈点外卖的样子,亲自点一份外卖。这样,可以帮助他们了解订外卖的流程,也可以让他们亲身感受到当今社会外卖的便利,对游戏的开展进行了良好的铺垫。

这次廊道游戏活动,培养了幼儿的动手能力,也让幼儿了解到现在便捷的生活,让幼儿在快乐、实践中了解更多的知识,获得更多的能力,使幼儿在快乐中学习,在快乐中成长。从以上的活动流程以及幼儿的表现来看,廊道游戏可以丰富幼儿日常游戏的内容和形式,提高幼儿参与游戏的积极性,培养幼儿善于观察和思考的能力,打开幼儿丰富的想象空间,调动幼儿参与互动讨论的热情,使得每个幼儿的综合能力都有一定的提升。

游戏本身既有活动又有内容,比单个动作和词语更有趣,它可以使幼儿在头脑中保留印象和经历;游戏是一种自由、自愿的活动,幼儿在游戏时可以根据自己意愿、体力和能力进行各种活动,可以自然地表达思想感情,还可以按自己的意愿发挥想象力,因而感到轻松愉快;游戏可以增强幼儿的自信心,可以借助游戏了解周围事物。所以,在幼儿教育中,应该充分发挥游戏的重要作用。

二、幼儿教学活动中游戏性的创新

当前,多数幼儿的游戏场面都非常热闹,如超市、医院、银行、烧烤摊。幼儿在纸箱子做的取款机和货架前,不断重复着已经玩过许多次的游戏,眼神淡漠,看不到惊喜和专注,伪游戏状态下的孩子有时候不是在玩,而是在敷衍。热闹只是表象,许多玩具的功能已经固化,能让孩子探索、发现或发挥想象力的空间很小,游戏成为追求结果的活动。如何让孩子成为游戏的主人，让游戏回归朴素，需要教师长期实践与反思。

（一）涂鸦墙

涂鸦墙设在一块很大的场地上，不只有一面墙，而且材质各异，有木质墙、玻璃墙、砖墙等。墙面一侧有水龙头，幼儿可以随时冲洗。幼儿系着围裙，拎着装有颜料的小桶，在墙面上创作，准确地说是在涂鸦。幼儿在玻璃墙面上用厚颜料涂，因为颜料太薄会滴落下来；在木质墙面上用一半浓度的颜料涂；在砖墙上可以涂薄一些，然后一遍一遍地加涂。幼儿用不同的色彩表现着只有自己才能看得懂的画。有的幼儿不满意自己的创作，拿起水管直接往玻璃墙上冲刷，溅起的水花淋得他们满身都是。慢慢地，幼儿知道要拿着水管离远一些斜着冲，彩色的颜料水缤纷落地。幼儿的思想天马行空，没有人教他们应该怎样作画，没有刻板的临摹，更没有标准的范画，他们沉浸在自己的创作中。当幼儿弄翻颜料、弄得满身是水时，他们会自己冲洗干净，用手抹一下脸上的水，然后开心地投入涂鸦游戏中。他们神情专注，一遍一遍地涂着，涂得不满意再冲掉重新来。当画到高处的墙面时，幼儿小心地用刷子将颜料调匀，仔细地画着。虽是涂鸦，但他们一点儿也不懈怠，有的幼儿被画成了花脸，对他人做个鬼脸后又接着涂鸦……

没有喋喋不休提醒着的老师，没有人教给幼儿什么样的材质应该用什么浓度的颜料涂，幼儿一遍遍的涂鸦经验才是最真实的游戏体验。在这里，幼儿是游戏的主人，他们真真切切地领略到了其中的乐趣。此刻，来自成人的经验对于他们来说是苍白的，他们更愿意自己去尝试、探索、获得弥足珍贵的经历。

（二）玩泥

幼儿园设有专门的木质工作台，台子不在教室内，而在大厅里。宽敞的桌子配上长长的椅子，幼儿可以坐着玩，累了还可以在椅子上躺一会儿。泥土是真正的黏土，用一个大缸盛着，幼儿可以自由取放。幼儿不玩的时候，就把泥土放回缸里，用木盖盖好，既可以保湿，又保持了泥土的黏性。除了泥土之外，还有塑料模具、木棒、削泥刀等工具，这些工具被分类放在旁边的柜子里。柜子最上方是平台，可以展示幼儿的作品。幼儿认真地搓、揉、捏、敲击、创造着，有的用模具按压、整形，有的用小木棒轻轻地捶打和修改作品，所有工序没有成人的干涉和指导。不一会儿，幼儿额头上就沁出了细细的汗珠，他们用小手抹一下接着做，神情专注、安静甚至严肃。那是一种深层次的快乐体验，不是短暂的快乐表象，是游戏过程和精神世界完美、和谐的交融。当幼儿完成自己的创作后，会将做完的泥工作品放在展示台上，作品大小、形态各异，体现了幼儿独一无二的、杰出的创造性。

教师在哪儿呢？他们在角落里拍照，记录幼儿的创造过程。教师只是在一旁观察，充分信任幼儿、解放幼儿，让他们实现自我发展。这种游戏是幼儿最喜欢、最符合幼儿天性、最体现幼儿生命本质的一项活动。

教师在开展游戏教学的过程中，最主要的就是为幼儿创设一个游戏教学情境，让幼儿能够积极地参与其中。这种游戏情境应当符合幼儿的年龄特点，能够帮助幼儿获得情绪体验，以一种直观的方式激发幼儿的学习兴趣。只有这样才能够不断激发幼儿自身的学习动力，促进幼儿的成长、发展。教师创设游戏情境应当注意以下几点内容。

首先，教师应当遵循幼儿的成长发育特征，巧妙地设计游戏情境。幼儿教学中，遵循幼儿的成长发育特征，能够激发幼儿的学习兴趣，让幼儿更好地融入其中。例如，教师根据幼儿的不同年龄特征，设计出具有一定难度的提升性游戏以及较为基础的游戏，让幼儿可以参与其中，既可以获得基本的知识，又可以提高自己的参与意识，不断向前发展。

其次，游戏情境的创设应当具有一定的趣味性。这种趣味性是以能够激发幼儿的学习兴趣为主的，教师应当在教学过程中多多关注幼儿感兴趣的点，从幼儿感兴趣的事物出发，为幼儿创设更加丰富多彩、具有趣味的游戏情境。

再次，合理游戏情境需要教师的引导，并不是主导。教师应当给予幼儿自由的游戏空间，在带领幼儿熟悉了基本的游戏规则后，教师适当地放手，让幼儿能够自主参与，获得良好的学习体验以及情感体验。例如，开展画圈圈游戏时，教师可以为班级内的幼儿示范如何进行游戏，然后让幼儿进行模仿以及自主发挥，让幼儿能够与同伴一起参与到画圈圈游戏，从游戏的体验中获得更加丰富的知识。

教师在教学活动中应该坚持幼儿是活动的主体，让幼儿成为游戏的主人，这正是游戏化的幼儿教学活动的创新。

快乐户外篇

教师支持幼儿进行户外混龄自主游戏的策略

青岛市李沧区青峰路幼儿园 / 王艳

户外场地具有超越室内的优势，各种各样有趣味的游戏活动都可以在这里进行。传统的户外游戏是以班级为单位的户外集体游戏和分散活动，仅以发展幼儿运动技能为主，游戏大多以教师为主导，没有真正从幼儿的兴趣、需要出发，没有考虑幼儿在活动中的主动性发展。

教师应了解户外混龄自主游戏在幼儿成长与发展中的重要作用。教师观察幼儿的游戏行为，将观察到的幼儿自主性游戏行为片段进行解读，并且就幼儿的发展状态、水平等进行分析与判断，形成一套行之有效的指导策略，以促进幼儿在原有水平上提高。

一、现状与问题

我园在丰富原有运动区材料和功能的基础上，充分挖掘户外环境的有利因素，以"户外游乐场"的方式，将平时幼儿在室内玩的角色区、表演区、科学区、美术区等社会性、探索性区域拓展到了户外，并且以混龄游戏的模式，让幼儿参与其中。同时，我们采用集中与分散游戏相结合的方式，将户外场地分为运动挑战区、角色区、绘画区等不同区域，创设多种幼儿喜爱又无固定模式的游戏场景，让幼儿能够自由、自主地选择游戏。在户外混龄自主游戏中，场地是开放的，幼儿是自主的，他们拥有活动的选择权，想去哪儿玩、想和谁玩、想玩什么、想怎样玩，都是自己说了算，真正成为游戏的主人。

但是，在户外混龄自主游戏开展的初期，我们发现了一些问题：幼儿游戏兴趣持续时间短，在游戏中与同班、同龄幼儿互动多，异龄间幼儿的互动少。教师观察、解读幼儿游戏行为的能力还不够。

二、教师的支持策略

（一）开放的游戏环境

量身定制打造户外游乐场，为幼儿的自主游戏拓展空间、优化材料。

我国著名的教育家陈鹤琴先生说过，"游戏是儿童的心理特征，游戏是儿童的工作，游戏是儿童的生命"。从某种意义上说，幼儿的各种能力是在游戏中获得的。要使游戏能高质量地开展起来，使幼儿的创造力、思维能力、语言表达能力、合作能力等各种能力在游戏中得到全面的锻炼和提高，教师必须为幼儿创造适合他们自主活动和自我表现的游戏环境，即为幼儿开设一个开放性的游戏环境。

我们在幼儿园原有户外场地的基础上对户外场地进行了填充与改造，在幼儿园东院西北角根据原先场地特点量身设计、打造了大型木质攀爬挑战玩具；在大型滑梯后面靠近东墙自然角区域，又依据我园树木结构的优势，打造了绳索区、投掷区。我们购买了大型塑料围挡，把结构区、曲棍球区进行了区域隔离，与其他区域既相互贯通又互不影响，有效地提高了幼儿的游戏专注度。前院的小司机区域，从场地设计到粉刷均出自教师之手。斑马线、指挥台、双向车道、有指向性的箭头，生动形象地将马路原型搬到了幼儿园，幼儿穿上小交警的服装，指挥着来来往往的"汽车"，秩序感十足。在后院，我们将以前的自行车棚，打造成了美术区，废弃的木工工作台、床、写字台、旧黑板成了一个个美工台，幼儿在这里尽情地发挥自己的创意。

幼儿是环境的主人，前期的拓展与打造完毕，这时候幼儿就可以按照自己的意愿和想法参与布置，这样的环境对幼儿来说也更具有意义。在幼儿参与布置的过程中，他们充分发挥主体的作用。幼儿对自己亲自动手、动脑布置的环境产生一种亲切感和满足感，从而更加爱护、珍惜环境。

陈鹤琴先生指出："怎样的环境刺激，就得到怎样的刺激，得到怎样的印象。"环境是幼儿自我表现的舞台，也是信息与经验交流的窗口，更是幼儿尽情想象与创造的天地。环境的创设直接关系到课程的设计、实施、发展和幼儿主体性的发展。幼儿在开放的游戏环境里根据自己的兴趣、能力主动寻找他们需要的东西和想做的事情，能有足够的时间和空间去探索，并有机会展现自己的才能。

《3—6岁儿童学习与发展指南》指出："幼儿的学习是以直接经验为基础，在游戏和日常生活中进行的。要珍视游戏和生活的独特价值，创设丰富的教育环境，合理安排一日生活，最大限度地支持和满足幼儿通过直接感知、实际操作和亲身体验获取经验的需要。"应该说，环境和材料是幼儿园课程的重要组成部分，也是重要的教育资源，应通过环境的创设和利用，有效地促进幼儿的发展。只有创设丰富的教育环境，才会给幼儿提供直接感知、实际操作和亲身体验的机会。

（二）开放的心理氛围

"大手拉小手"，营造家一样的轻松氛围。

开放性的游戏环境，不仅是游戏空间、时间及玩具材料的开放，还包括隐形的心理环境，即游戏中的同伴关系、师生关系是平等的、和谐的，人际关系是开放的。只有为幼儿提供一个能使他们感到安全、温暖、平等、自由的精神环境，幼儿才能愉快、积极主动、充满自信地生活和学习，获得最佳的发展。

我们针对户外混龄自主游戏中异龄幼儿互动少的问题，开展了对口班的"大手拉小手"活动，大一班和小一班"手拉手"，让大班的哥哥、姐姐照顾小班刚入园的弟弟、妹妹，为他们营造一家人的氛围，让他们在看书、游戏、上课、进餐等环节都在一起，从一对一逐步过渡到全园混龄游戏。年龄大的带着年龄小的，进行幼儿混龄体育活动。

通过户外混龄自主游戏活动，我们发现长期的共同相处不仅使幼儿的社会性得到了发展，还使幼儿的体育运动技能得到提高。他们像兄弟姐妹一样相互爱护、相互学习、相互尊重，年长的孩子可感受到当哥哥、姐姐的乐趣与责任，年幼的孩子可以感受到做弟弟、妹妹所获得的关怀和帮助，还可以从大孩子那里学习知识和生活的技能。

教师在幼儿的游戏过程中，不是领导，也不是权威，而是幼儿的帮手和支持者。教师的主要任务是鼓励和引导幼儿构思，协助他们创作，但不能支配幼儿或干预他们的决定，更不能教幼儿如何做或代替他们做。教师尊重幼儿的兴趣、爱好，不忽视幼儿的需要，也不把教师的意志强加于幼儿，与幼儿建立民主、平等、轻松、愉快的师生关系。只有在这种安全、平等的环境中，幼儿才能自然地、真实地表现自己。

（三）开放的观察方法

"微格分析""学习故事"助力教师更加科学、有效地解读幼儿的行为。

某学期初，我们通过看教师的观察记录，发现很多教师对幼儿在户外混龄自主游戏中行为表现的观察和分析比较片面。教师们对幼儿在活动中表现的记录和分析一般集中在一个问题上，有的是交往方面、探索方面等闪光点的记录和分析，还有的是幼儿存在的问题的记录、分析，而且这种补短式的分析占了一定的比例。

为了帮助教师们更科学地观察和分析，让观察记录更多体现全面性和整体性，我们幼儿园购买了"微格分析"和"学习故事"等课程进行了全员培训。教师们理论联系实践，尝试运用"微格分析"进行观察、记录，利用照片和视频资料来分析幼儿的游戏行为，提高了观察、解读幼儿行为的能力。

教师们纷纷表示，"微格分析"既科学又方便，让他们能够反复地去观看那段真实的片段，来重温幼儿的学习过程，解读幼儿的学习行为，发现幼儿的发展和他们的学习潜能。它可以不断地回放，可以定格在教师需要的地方，弥补教师在现场观察时的不足，可以帮教师捕捉细节。这对教师下一步支持幼儿的学习与发展奠定了基础。

"学习故事"，是新西兰的儿童学习评价体系，被广泛用来帮助教师观察、理解并支持儿童的持续学习，同时记录每一个儿童成长的轨迹和历程。关于儿童学习和发展的评价有一种叫叙事性的评价，它强调的是对儿童学习和发展的一种全面的和整体的评价。教师观察儿童的学习（注意），尽力去分析和理解它（识别），然后利用识别的信息有效计划和支持儿童进一步学习（回应）。它将建构学习者的形象作为核心理念，用积极正面的方式调动被评价者——儿童自我成长的力量。

经过多次的观察记录交流，我们确实感受到教师在观察记录中将"微格分析"和"学习故事"这两种记录分析的方法学以致用的益处，于是我们坚持这些方法的培训与使用。

总之，我们在户外混龄自主游戏中，提供开放的游戏环境，营造开放的心理氛围，使用开放的观察方法，在每天的游戏中观察幼儿，解读幼儿，回应幼儿的学习兴趣，强化幼儿积极的学习品质，并以此和幼儿建立起一种不同于传统的合作关系，真正发现幼儿的力量。

趣味足球 欢乐童年

青岛市城阳区顺德居幼儿园 / 张红杰

《幼儿园教育指导纲要》中指出："幼儿园应为幼儿提供健康、丰富的生活和活动环境，满足他们多方面发展的需要，使他们在快乐的童年生活中获得有益于身心发展的经验。"2019年3月，教育部办公厅发布了《关于开展足球特色幼儿园试点工作的通知》，指出要以游戏为基本活动，珍视幼儿游戏活动的独特价值，灵活运用集体、小组和个人活动等多种形式，合理安排和组织幼儿一日生活。习近平总书记多次提出"足球要从娃娃抓起"。我们幼儿园自2017年探索实施幼儿趣味足球活动以来，以激发幼儿对足球的兴趣为主，在此基础上与游戏结合，在自由、开放、富有创意的游戏氛围中，充分发挥幼儿的主体性，激发幼儿的运动兴趣。幼儿趣味足球作为我园的特色活动，已融入幼儿的一日活动中。我园已初步研究出一套"四四趣味足球组织模式"。

一、概念界定

幼儿趣味足球，即用幼儿喜欢的游戏方式发展幼儿的足球能力。幼儿园现有的组织模式主要有足球对抗活动、班级幼儿自由分散活动、小组活动、集体活动。

"四四趣味足球组织模式"中的第一个"四"为集体活动游戏设计的四大法则，涉及技术、身体、心理和社交四个方面；第二个"四"为游戏组织过程中教师应遵循的四大原则，涉及空间、任务、器材和人员四个方面。

二、四四趣味足球组织模式

（一）游戏设计四法则

在实际的教学工作中，教师感到棘手的往往不是活动中如何组织、调控幼儿，而是如何遵循幼儿身心发展特点和教育规律，把握幼儿足球活动规律和特点，通过有趣的活动载体真正实现让幼儿享受足球乐趣，激发其足球兴趣。在幼儿趣味足球游戏设计中，教师应遵循以下四大法则。

1. 趣中提升足球技能

我们开展了丰富多样、适合幼儿年龄特点的各种身体活动，鼓励幼儿进行跑、跳、钻、爬、攀登、投掷、拍球等活动，促进幼儿基本运动能力的全面发展。让他们在"跳一跳就能够得到"的基础上提升技能。考虑到幼儿的年龄特点，在活动过程中教师会将复杂的球感技术动作分解，让幼儿抓住要点，在慢速状态下活动，充分感受到脚的不同部位接触球的感觉。

2. 趣中提高身体素质

在幼儿阶段开展足球运动，一方面能增强幼儿的身体素质，另一方面能提高幼儿的身体协调性，从而进一步促进幼儿身心和谐发展。我们利用园所自然环境，充分发挥幼儿的求异思维和创新精神，让幼儿"一物多玩"，积极想象、探索足球的各种玩法，从而达到在趣味中强身健体的目的。平日常见的户外器械筐，幼儿将其侧放在地上作为足球门；练习平衡用的梅花桩，幼儿把它当成足球绕杆。

3. 趣中感知成功自信

趣味足球中幼儿关注的不是足球竞技本身的输赢，而是踢足球过程与同伴的互动、成就感和乐趣。他们会不断地踢球、控制球，不断地和不同的小伙伴交互游戏，不断地失败、成功、再失败、再成功，体验成长的乐趣，增强自信。

4. 趣中进行团队合作

足球不是一个人的游戏，而是大家集体合作的运动。趣味足球活动需要队员们的相互合作，有两人合作、三人合作、小组合作、集体合作等。在幼儿园足球活动游戏化教学活动中，我们会营造合作氛围，布置合作活动场景，激发幼儿的合作意识。通过合作游戏，让幼儿在足球活动中学会合作、体会合作成功的喜悦。

（二）组织步骤四法则

开展趣味足球活动，需要教师认真地、细致地备课，还需要教师有较强的调控能力。教师可以不断调整空间、任务、器材和人员，因材施教，让活动充满趣味性。

1. 合理调整空间大小

每当组织活动时，教师往往想到的是活动场地是否足够大，其实不然，教师可以根据游戏情境、运动技能、参与游戏的人数等不同因素合理调整空间的大小。如游戏"过河"，同样是组织20名幼儿活动，小班幼儿身材娇小，灵活性不强，教师可以适当减小"河"的宽度，缩小"家"的范围；相反，大班幼儿身材接近小学生，身体灵活性高，教师可以根据情况适当增加"家"的面积，然后再根据幼儿的数量增加"河"的宽度。

2. 赋予游戏明确的任务

趣味足球的一大特点就是关注幼儿兴趣，教师要注意赋予每次游戏不同的游戏任务，增强幼儿活动的具体性和明确性。如游戏"抢占恐龙蛋"，同一游戏主题下，一开始可以让幼儿一次只抢对方一个"恐龙蛋"，抢完为止。然后修改任务为既可以选择抢对方的"恐龙蛋"，也可以选择拿回自己被人抢走的"恐龙蛋"，但是每次还是只能拿一个。

3. 准备合适的运动器材

幼儿的活动，尤其是户外运动，往往需要器材的辅助。教师无特殊情况不会组织无器材活动。教师会根据不同的游戏准备不同的器材，然后随游戏的深入，调整数量，增加难度。如游戏"嗨，你好！"，教师一开始为幼儿准备的是3号足球，随着技能的熟练，改为同为圆形的网球或乒乓球，既增加游戏难度，又增加活动趣味性。

4. 关注参与的人员数量

每所幼儿园的硬件设施不一样，足球活动场地也参差不齐。教师在组织足球活动时可以灵活运用幼儿园的每一个场地，而且可以在看似有限的场地中同时组织较多幼儿活动。如游戏"三人足球"，共两队比赛，教师还可以给每队再增加三人在后方守卫，当队员赢得一分后，"后卫"变"前锋"，这样参加活动的每位幼儿都会有进攻和防御的游戏经历，且无等候现象。

三、趣味足球活动指导策略

幼儿足球能全面提高幼儿的体质和体能，培养幼儿拼搏进取、团结协作的体育精神。我园的幼儿足球活动以生动有趣的游戏为基本手段，以体能发展为目的，促进幼儿多种能力的提升和良好品质的形成。在活动过程中，教师的指导策略显得尤为重要。我们总结出"四四趣味足球组织模式"下幼儿园足球教师的指导策略。

（一）直观激发，兴趣为主

著名教育家苏霍姆林斯基认为幼儿的智力活动依赖于兴趣。游戏是幼儿的兴趣所在，是幼儿活动的基本，游戏的情节有趣，形式多样化，既符合幼儿的心理、生理特点，又能激发幼儿积极探索的兴趣。比如，在活动初始，足球对幼儿来说是有点陌生的。教师可以组织幼儿先观看足球游戏视频，让幼儿直观爱上足球；然后再把足球拿到幼儿中间，让他们人手一个，给他们充分的时间和空间玩足球。而教师只需站在旁边仔细观察他们玩足球的场景，了解他们的现有水平。然后教师可以组织幼儿排练足球早操，让幼儿通过整齐的动作，初步与足球互动。在小班"你追我赶"的活动中，教师让幼儿扮演喜羊羊赶着足球跑，边玩边将球控制好，将球送到目的地。让幼儿玩中学，学中玩，轻而易举地掌握足球技能。没有兴趣，幼儿是不会主动参与活动的，只有培养幼儿对足球游戏活动的兴趣，才能激发幼儿对足球游戏活动的爱好，使幼儿的身体获得充分锻炼，从而达到体育教育的目的。

（二）针对年龄段和能力，分层级游戏

每个级部的幼儿有着年龄差异。由于不同的幼儿在其生理、心理及动作特点方面存在个体差异，在选择活动内容和投放材料时，要结合幼儿的实际情况，设计符合各个年龄层次幼儿的活动；将活动游戏化，增添角色、情境，避免枯燥、被动机械的学习。如中班足球游戏"老鼠偷粮"，教师先和幼儿一起观看图片、视频，一起讨论足球的不同玩法。接着，教师带幼儿开展了有层次、情境的足球游戏活动。第一层次活动为角色扮演，让幼儿扮演老鼠，足球就是"老鼠"的"粮食"，教师制定规则，让"老鼠"比赛把"粮食"送回家，幼儿玩得十分欢快；第二层次活动为比赛踢球活动，同样场景和情境，比比哪一队"老鼠"在规定时间内运回家的"粮食"最多，幼儿玩得不亦乐乎；第三层次活动为激烈的"抢粮"比赛，教师为幼儿分好小组，制定好规则，让球在幼儿灵动的小脚间传动，大大地激发了幼儿合作的意识，也增强了他们合作的能力。在中班足球游戏活动"射龙门"中，幼儿有强壮型和瘦弱型的，教师根据幼儿在身体条件、掌握技能方面的不同，设计踢足球的距离有长有短，龙门有宽有窄、有高有矮，这样可以方便层次不同的幼儿根据自己的实际情况来选择。在情境方面创设一些过小桥、钻山洞、跳过小河等游戏环节，使活动变得更富有趣味性，既激发幼儿对足球的兴趣，又能促进幼儿积极、愉快地投入游戏中，让幼儿在游戏中享受到玩足球的快乐。当然，幼儿也可以挑战自己的极限，对难度较高的活动他们也可以去尝试。这样既适合幼儿的现有水平，又有一定的挑战性，还能充分发挥幼儿的潜能，给每一个幼儿提供一个能够使自己获得满足和成功的平台。

（三）教师参与，重视幼儿的心理素质

许多幼儿遇到解决不了的问题就会退缩，或者找大人解决，自己不会迎面去思考，找到解决问题的方法。在开展足球游戏活动过程中教师发现：有些能力强的幼儿，明明有能力独立完成游戏的，却退缩了，不敢去尝试；有些好胜的幼儿在失败后情绪难以控制，大哭大骂，埋怨一起游戏的伙伴。足球活动中，我们应该重视幼

儿健康心理的培养。教师可以给予幼儿战胜挫折的机会，培养幼儿坚强的意志。我们在足球游戏活动中特别设置一些障碍，增加一些难度，增强幼儿对挫折的心理承受能力。

幼儿社会接触面窄，更容易崇拜老师，模仿老师，老师的一言一行都会对他们产生无法预料的影响。他们更愿意接近老师，和老师交流，渴望得到老师的关爱，希望从老师那里得到归属感。因此，老师可以主动地参与进游戏活动中。老师可以把幼儿分成两组进行运球比赛，每组运球绕过前边的竹竿，返回传给第二个小伙伴，依次后传，最后速度快的组获胜。幼儿热情高涨，队友运球的过程中，大家一起加油助威，游戏气氛活跃。第一轮比赛结束后，其中落后的一组若情绪急躁，神情沮丧，甚至互相埋怨，责怪伙伴速度太慢，老师就要及时改变这种状况。在第二轮比赛中，为了消除落后组幼儿的消极情绪，也为了鼓励他们在第二轮中奋起直追，老师便可以加入他们之中。老师的加入会给这一组注入极大的活力，该组幼儿会积极投入比赛当中。在足球活动中，老师的技能肯定要高于幼儿，在他们眼中老师是他们接触到的足球能力最强的人，老师的加入，既增强了活动的趣味性，又帮他们正确认识活动的挫折感，体验成功感。

再如大班"绕杆射门"游戏活动中，幼儿边跑步边运球，绕过标志筒进行S形跑，最终到达"龙门"进行射门。活动既增强幼儿的快速反应能力，又能锻炼幼儿的下肢力量。"绕杆射门"游戏活动有一定的难度，如果幼儿的意志力比较差的话，很容易放弃，但这时候如果老师在旁边给予幼儿鼓励，幼儿更容易学会面对困难，战胜挫折，就算将足球运跑了，幼儿也会重新开始，完成射门。

（四）与其他幼儿教育领域有机融合

幼儿足球游戏并不是单纯的足球游戏，它应该与其他幼儿教育领域有机结合，共同发展。教师应该在确保安全的基础上，通过创编口号、创编儿歌、与幼儿游戏等方式，带领幼儿更深层次地走进足球游戏的世界，帮助幼儿形成一定的规则意识，同时增进幼儿与同伴之间的情感交流与合作。教师可以与幼儿交流足球知识，可以带领幼儿画足球、做足球、唱足球歌曲，让幼儿爱上足球游戏，以促进足球游戏发展。

（五）外围支持

家长对幼儿园趣味足球活动的理解支持和积极配合是活动开展的有力保障。幼儿园应通过全园互动的方式不断推进幼儿足球游戏。我园目前只有一名男教师，远远满足不了幼儿对男教练的渴望。我们充分利用家长资源，邀请有足球特长的爸爸们加入我们的队伍，每周定期入园和幼儿一起进行足球活动。爸爸们口令简单，动作有力,给幼儿一种别样的感觉,深得幼儿喜欢。活动结束了,有的孩子还抱着"足球爸爸"喊着:"我还没玩够,我还想玩。"

千里之行始于"足"下。对幼儿趣味足球活动的探索我们还在路上,我们正在享受足球带来的欢乐。

幼儿园"畅玩"户外混龄游戏的构建与实施

青岛市即墨区实验幼儿园 / 李海燕

"畅玩"户外混龄游戏是我园在"玩美"课程理念下组织实施的游戏模式。我们力求通过"畅玩"游戏的实施,改变幼儿园户外游戏中过度强调身体动作的发展,而忽视幼儿情感、社会性及创造性发展的状况,并把身体技能练习和幼儿兴趣需要联系在一起,从幼儿的生理和心理特点出发,让幼儿不断获得愉悦的游戏体验。我们将幼儿园当中的游戏场地和游戏材料有效地运用起来,让不同年龄段幼儿在共同游戏中得到良好的锻炼,各方面能力得以全面发展,达到"美在其中,而畅于四肢"的游戏目标。

"畅"在汉语词典里的解释是"无阻碍,不停滞;痛快,尽情",在这里用"畅玩"来表达我们对幼儿在户外游戏时状态的期许,既让幼儿的体能得到锻炼,动作得以发展,又遵循幼儿内心的需求,让幼儿在游戏的世界里自由驰骋。

混龄模式是欧美一些国家的编班模式,将不同年龄段的幼儿混合在一起实施教育。户外混龄游戏是我们在进行户外游戏时,打破年龄及班级界限,构建混龄游戏模式,以此激发幼儿共同锻炼、结伴游戏、协作探索的游戏兴趣。这样游戏的内容会更加丰富,游戏心理环境也更加宽松、自然,幼儿的游戏体验更加酣畅。

一、开展"畅玩"户外混龄游戏的教育意义

《幼儿园教育指导纲要》指出:"游戏是幼儿的基本活动,幼儿园要开展丰富多彩的户外游戏和体育活动,培养幼儿参加活动的兴趣和习惯,提高对环境的适应能力,促进幼儿身心健康发展。"为此我园积极探索户外混龄游戏场地构建、游戏材料投放、游戏指导策略等问题。开展"畅玩"户外混龄游戏具有多方面的意义。

(一)"畅玩"的游戏氛围有利于提高幼儿的动作技能

户外混龄游戏让不同年龄的幼儿在一起游戏,更容易营造轻松、欢快的游戏氛

围,让幼儿在整个游戏过程中都保持高涨的热情。年龄小的幼儿因为有了年龄大幼儿为榜样,更加勇于挑战。年龄大的幼儿也因为要做出榜样而更加积极主动地示范,同样的玩具可以玩出不同的花样,同样的任务可以采用不同的方式完成。幼儿自发产生运动的欲望,动作技能及体能均得以提高。

(二)"畅玩"的游戏情境有利于发展幼儿的社会性

《幼儿园教育指导纲要》指出"要支持幼儿自主地选择、计划活动,鼓励他们通过多方面的努力解决问题"。在"畅玩"户外混龄游戏中,幼儿要熟悉开放式的游戏环境,要与不同班级、不同年龄的幼儿交往与合作,要熟悉不同班级的指导教师,要了解不同玩具的多种用途,在这样的"畅玩"情境中,幼儿在尝试探索各种身体活动的同时,学习以自己的方式解决问题,不仅促进了幼儿社会性的发展,还提高了他们的自信心。

(三)"畅玩"的游戏模式有利于发展幼儿的自主性

"畅玩"户外混龄游戏坚持幼儿自主选择区域、自主挑选器械、自由选择玩伴、自创玩法,为幼儿提供了更多独立、合作和创造性地完成挑战的机会与条件,让他们在尝试各种身体活动的同时,学习以自己的方式解决问题,为幼儿提供了一个宽松的心理环境。这样的游戏模式既有情感、意志等自我体验和感受,又有对具体规范的社会事物的判断和思考,极大地促进了幼儿自主性的发展,使幼儿在游戏中有畅达的心理体验。

二、幼儿园"畅玩"户外混龄游戏的场地构建

著名教育家但陈鹤琴说过:"怎样的环境,就得到怎样的刺激,得到怎样的印象。"场地规划不但影响户外游戏活动的有效性,而且直接影响幼儿参与活动的积极性、主动性。放眼身边的幼儿园,装修越来越豪华,玩具越来越高档,活动场地却越来越狭小。在学前教育不断追求精致化的今天,我们却常常留恋童年时简单自然却富有生命力的游戏。

"怎么利用有限的资源更好地开展活动?""可以开设哪些活动区?""在什么地方设置?""需要多大的空间?"这些问题都是我们研究、讨论的重点。我们一起潜心分析了幼儿园在环境场地方面的存在的问题,认为户外区域的整体布局不够合理,未能最大限度地挖掘园内可利用资源。

我们又认真探讨了幼儿园环境场地的独有优势:户外活动场地较大,有绿色的、

错落有致的甬路

甬路上的民间游戏

绿树掩映下的滑梯

趣味游乐园里的对话

自然的园内环境,于是我们依托这样的环境,根据幼儿的兴趣和幼儿园的空间特点,对户外活动场地进行了整体规划和科学布局,旨在让幼儿在户外游戏中与阳光和空气亲密接触,回归自然,让每一个幼儿的天性得到释放,在自由玩耍中彰显生命特质。

走进幼儿园大门,是一条长长的路旁遍种樱花、西梅、石榴、紫荆等树木的甬路。在不同季节,这片区域会开出不同颜色的花朵,绚丽多彩。我们充分利用这条甬路及树林等资源,在设计上突出"自然、多元、实用"的特点,将这片场地进行软化,铺了塑胶,规划成民间游戏区,在地上画民间游戏图,在树上挂游戏道具,幼儿在这里欣喜地藏猫猫、搭积木、骑小车……朗朗的笑声总能让这片区域一下子灵动起来。

幼儿园甬路的西南侧是一大片青青的绿草地,草地上有三组不同功能的大型玩具,还有十几棵伴随幼儿园成长的大树,每到夏季枝繁叶茂,正可为幼儿遮阴蔽日。在大树的下面,有我们用木头和绳索围拢成的树围,树围是幼儿攀爬、拔草、"做饭"、休憩、聊天的好去处;草地上,还有几个用废旧轮胎做成的玩具:坦克、云

操场上的体能游戏

紫藤长廊下的运动精灵

果树林里的对话

酣畅的"战役"

梯、轮胎椅，幼儿穿梭于滑梯、大树之间，时而投掷，时而攀登，时而奔跑，专注地游戏，这儿是幼儿的趣味游乐园。

穿过草地一路向东，是幼儿园的操场，这是我们的体能运动场，是幼儿进行粗大运动的空间，攀、爬、跳、跑、投之类的游戏活动都在这里开展。这里场地宽阔、阳光充足，幼儿还在这里升旗、做操、比赛、演出……操场南侧的木质长廊上，爬满郁郁葱葱的紫藤，幼儿在紫藤花下嬉戏。他们犹如运动的精灵，自由奔跑，恣意玩耍。

幼儿园东面是一片果树林，果林里有一个土堆。我们充分利用这个土堆，在土堆上拉绳索，埋木桩，固定轮胎，在树干上拴秋千，把这里设计成可以钻、也可以攀爬的野趣体验区。我们还把原来沙池与水井相接，制作了水渠。这样，我们把大片单一的水泥地面调整为沙地、草地、土坡，让幼儿活动的场地更接地气。幼儿和这里的一草一木、一虫一鸟进行平实而又深奥的对话，他们坐在自己搭建的帐篷里，和老师、同伴聊自己的发现和感受。

就这样,户外活动场地自然地划分成具有不同特色的民间游戏区、趣味游乐园、体能运动场、野趣体验区四大区域。户外游戏区域的划分和设置,极大地开发、利用了幼儿园的环境资源,满足了幼儿游戏探索的需要。四大区域之间既是分区清晰明确的,又是连贯的、畅通的,这样开放的空间和足够的场地,让孩子们有更多机会与自然环境交流,身心与体能在与环境的相互作用中得到发展。

三、幼儿园"畅玩"户外混龄游戏的材料投放

幼儿的心理和生理的特点,决定了他们是在与材料的互动中学习知识、积累经验的。幼儿的年龄特点决定了他们对材料的要求是有趣、多变、操作性强。我园的户外游戏活动普遍存在着形式单一、材料贫乏的问题,要使户外混龄游戏真正体现其所蕴含的教育价值,丰富的游戏材料是必不可少的,怎样的材料能够满足幼儿自主的创造性的"畅玩"游戏呢?

(一)投放低结构的材料,发挥其在"畅玩"游戏中的教育价值

游戏材料直接影响幼儿参与游戏的积极性和游戏水平。在"畅玩"户外游戏中,我们发现越是低结构的材料越能够给幼儿带来想象的空间,更能激发幼儿的操作欲望。我们根据游戏的需要及幼儿兴趣,适宜地投放了多种低结构游戏材料,如用轮胎自制的拖拉轮胎车、农村磨坊里的石磨,还增加了水渠、树围、绳索等。我们还积极挖掘家长资源,发动家长为幼儿自制简便的游戏用具,比如,滚筒、梅花桩、毽子等。同时我们还合理地加入幼儿喜欢的民间游戏材料,如陀螺、铁环、高跷、竹竿、皮筋等。低结构材料的投放大大激发了幼儿游戏的兴趣和积极性,锻炼了幼儿走、跑、跳、钻、爬、攀登、投掷等多种技能,每一种材料都充分地发挥其教育价值,让户外游戏真正的"畅快"起来。

多种多样的低结构材料

(二)探索材料的一物多玩,激发幼儿对"畅玩"游戏的再创造

教育家乌申斯基说过:"最好的玩具是那些幼儿能够用各种方式加以变更的玩具。"保证幼儿每天有充足的活动时间不难,但天天都有新的游戏材料却很难做到。因此,引领幼儿探索同一玩具或材料的多种玩法,不仅有利于玩具的常玩常新,也是培养幼儿创新意识的有效途径。如竹竿,幼儿可以把它想象成听筒,玩打电话的游戏;可以用它来当担架运伤员;可以用来打高尔夫球;也可以把它想象成金箍棒,玩扮孙悟空的游戏……这就是"畅玩"中的想象、"畅玩"中的创造,这是高级玩具无法比拟的。如一套"万能工匠",既可以用来做早操,又可以当梅花桩,还可以做小车。再比如幼儿园里最常见的废旧轮胎,经过幼儿探索和教师引导,幼儿可以玩出多种花样:可以滚,可以跨,可以钻,还可以拼坦克,摆条可爱的毛毛虫等。总之,一物多玩,不仅是同中求异的过程,还是动作和思维结合的过程。这些材料具有多变、可创造的特点,我们不断探索投放可利用的废旧材料,便于幼儿在使用的过程中加工和创造,其创造性在"畅玩"户外游戏的过程中得以更好地发挥。

探索一物多玩

(三)材料的多元组合方式,满足幼儿在"畅玩"游戏中的需求

"畅玩"户外混龄游戏比一般的体育游戏要复杂,不同年龄的幼儿能力水平有高有低,材料的多元组合方式能满足不同年龄的幼儿对户外游戏材料的需求。如在平衡游戏中,幼儿会根据自己的能力水平,自主选择不同的组合来进行练习,有的用轮胎组合,有的用梅花桩组合,有的用平衡木组合,还有的将不同材料组合。幼儿在平衡游戏中根据自己的喜好选择附加物,有的头顶毽子,有的肩挑扁担,还有的背着娃娃。不同年龄、不同能力的幼儿根据自己的兴趣、需要和能力,选择不同的组合方式进行练习。材料的巧妙使用与组合,使幼儿的体能得到了不同层次的发展,还在"畅玩"的游戏过程中提高了合作探究能力。

材料的多元组合方式

四、幼儿园"畅玩"户外混龄游戏的实施阶段

有的教师在组织户外游戏时出于安全考虑对幼儿过度保护和干预，阻碍了幼儿动作发展。为解决这一问题，在"畅玩"户外混龄游戏的组织与实施中，对每一个游戏活动，从策略建议到材料投放、从游戏组织到评价反思，教师都运用专业觉察和专业认知，去识别和调整，不断地推进其发展。户外混龄游戏可分为以下四个实施阶段：做好细致的游戏前准备；设计规划游戏情境；聚焦观察，有效指导；"三看三调"，研究推进。

（一）做好细致的游戏前准备，关注"畅玩"游戏中的生命健康

"畅玩"户外混龄游戏的目标是，既让孩子的体能得到锻炼，动作得以发展，又遵循孩子内心的需求，得到快乐的游戏体验。教师做好游戏前准备，是保证游戏顺利实施的前提。

我们将户外活动场地的四大区域，分别用红、黄、蓝、绿四个颜色进行区分，分为红色的民间游戏区、黄色的趣味游乐园、蓝色的体能运动场、绿色的野趣体验林。我们还设计了与四色区域相对应的四个颜色的袖标，在袖标上写有班级标识，鼓励全园幼儿按照自己的意愿选取相应颜色的袖标，自主进入区域活动。每个游戏区域由专门的教师负责，幼儿遇到困难可以找相应教师解决，教师发现问题也可以通过袖标上的班级标识及时联系本班教师，这样保证了幼儿游戏时的安全。

游戏前各班教师还带领幼儿对四个游戏区域的场地类型、材料位置、安全标识等进行了分析和确认，对在游戏中如何与人合作相处、分享和协商等技巧进行了学习，期待幼儿在自主状态下，处理好自主精神与自律能力的关系，让户外混龄游戏开展得更加顺畅。

同时，教师又做了很多细致的准备工作：录制了活动开始与活动结束的音乐及语音提示；对不同游戏的材料进行了归类，制作了相应的归类整理图示；清除存在

安全隐患的物品及器械；对幼儿进行了自我保护和安全意识的培养；对可能出现的事故进行了预估，并提前做好了应急预案。

（二）设计规划游戏情境，燃起幼儿"畅玩"游戏的内部动力

著名教育家陈鹤琴先生说："凡是儿童能够自己做的，应当让他自己做，凡是儿童能够自己想的，应当让他自己想。"在"畅玩"户外混龄游戏组织中，我们坚持以幼儿为主体，把幼儿的发展放在首位，为幼儿提供独立、合作和创造性完成挑战的机会，让他们在尝试探索各种身体活动的同时，学习以自己的方式解决问题，如自主选择区域、自主挑选器械、自由选择玩伴、自创玩法。

点燃幼儿学习兴趣不仅需要外部的刺激，还需要个体的内在动力。教师不能因为"畅玩"游戏是自主游戏、是幼儿的自主探究而放任不管，反而要更努力地做好游戏的合作者和引导者。在户外游戏的组织形式上，我们提倡让幼儿体验运动的乐趣，把身体锻炼建立在自身愿望和内在需要的基础之上。每个区域的老师都会带领幼儿创设既有挑战性又能保持兴趣的情境，情境的创设与游戏内容相吻合，能让幼儿在不知不觉中接受学习任务。这样的情境不仅可以优化运动环境，还能激发幼儿游戏的欲望，促使幼儿自主自发产生运动激情，以达到运动的目的。他们可以用纸箱搭建"城墙"，构筑"防御工事"；用报纸球当"炸弹"，进行"大战僵尸"的游戏；用轮胎搭建"堡垒"，来一场水枪大战；还可以建造迷宫，玩得不亦乐乎。他们可以不再跟着老师学动作，而是几个人围在一起商量玩法，寻找材料，他们争着将自己的玩法告诉大家，热情地邀请朋友们、老师们一起玩一玩，分享快乐。我们发现，幼儿幼小的身体里竟隐藏着巨大的能量，他们无所不能，心灵能够到任何想去的地方。在这样愉悦的氛围中进行游戏，幼儿的天性可以自由地释放，内心的体验更加欢畅。

（三）聚焦观察，有效指导，看幼儿在"畅玩"户外游戏中驰骋

教师在户外游戏中既是组织者又是参与者。教师在每天的游戏开启前，要对幼儿进行适宜的引导，重点引导幼儿在游戏中友好合作、相互帮助，鼓励幼儿敢于挑战有难度的游戏项目，提醒幼儿在游戏中自我保护。在幼儿游戏时，教师要看幼儿游戏的状态，看幼儿在活动中的动作和表情，分析幼儿是不是积极参与游戏以及投入游戏的程度；还要看不同年龄段、不同性别和不同性格的幼儿对活动的专注度和坚持性，分析提供的游戏时间、空间是否合适；看幼儿是否在思考并积极地探索解决问题的方法，分析游戏材料投放有没有问题。教师要重点了解幼儿参与游戏的积极性以及在游戏中的学习与发展情况，以便在后续的游戏中比较、关注和跟进。

只有聚焦观察，教师才能根据幼儿的客观差异采取灵活的指导方式；才能遵循幼儿发展的规律和学习特点，创设适合幼儿的独特情境；才能走进幼儿的内心世界，看他们的思想如何驰骋。户外游戏结束时，教师要帮助幼儿进行经验提升，也将发现的问题及时反馈给幼儿，使他们明白哪些行为值得嘉奖，哪些行为应该避免。

（四）"三看三调"，研究推进，推动"畅玩"游戏水平不断提升

有效的教科研活动是帮助教师引领活动向纵深发展的保障。为了验证户外游戏内容的适宜性，同时给教师提供相互学习的机会，我们制定了《"畅玩"户外混龄游戏"三看三调"制度》："看幼儿兴趣，调整活动内容与材料；看幼儿状态，调整活动量大小与活动情境；看个性需求，调整指导方法，给予个性化的指导。"我园每月开展一次户外游戏轮流巡视活动，保证每位教师轮流参与到全园每一条线路、每一个区域的巡视指导中。教师在巡视中使用相机、录像机、手机等器材，记录和发现不同年龄的幼儿在游戏中的表现和发生的问题。教师进行教研活动时，将看到的问题进行汇总，同时将自己好的建议分享给大家。在反思中，大家畅所欲言，分享经验，大胆提出自己的意见和建议，形成思维的碰撞，从而产生新的游戏思路。观察—反思—调整—再观察的过程既提高了教师在实践中发现问题、在反思中解决问题的能力，同时也促进了幼儿园户外游戏水平的不断提高。

五、幼儿园"畅玩"户外混龄游戏的实施效果

随着"畅玩"户外混龄游戏研究的不断深入，我们发现过度强调身体动作、忽视幼儿情感和创造性发展的状况在逐渐减少，"畅玩"的教育理念已经成为户外游戏的主导思想。"畅玩"户外混龄游戏的实施，不仅让幼儿获得了身体技能、自主性和社会性的全面发展，教师的教学水平、科研水平也得到了提高。

（一）"畅玩"户外混龄游戏有效促进了幼儿全面发展

"畅玩"户外混龄游戏的开展，由于其组织形式和内涵的特点，改善了以往户外活动中教师或懒散放羊或过于强调动作技能训练的状态。其情境化的游戏内容更贴近幼儿的生活，且情境经常处于游戏性的动态变化中，使幼儿真正成了游戏活动的主人。"畅玩"户外混龄游戏低结构的游戏材料、一物多玩的玩法，更能吸引幼儿主动参与活动，主动探究游戏玩法，激发了幼儿参与游戏的积极性。不同年龄幼儿的身体素质和动作技能也发展迅速，让幼儿在游戏中享受了极大的乐趣，获得愉悦的体验，这种愉悦是深层次的快乐和成功感。这正是"畅玩"理念所倡导的"美在其

中而畅于四肢"。

（二）"畅玩"户外混龄游戏有效推动了教师专业成长

通过"畅玩"户外混龄游戏的实践研究，教师发现了许多自己从未意识到的问题，并及时进行调整，完善游戏内容。游戏中教师坚持混龄模式、一物多玩、情境趣玩、全面发展的原则，使活动得以深入，并产生实际教育意义。通过"畅玩"户外混龄游戏的开展，教师的主观能动性得以发挥，逐步养成观察—反思—调整—再观察的良好教学行为；教师还越来越关注幼儿日常生活中的热点，会根据幼儿的关注点设置游戏情境；更能够理解和把握各年龄阶段幼儿动作发展的特点，有针对性地实施户外混龄游戏；教师的教育观、儿童观、发展观在"畅玩"户外混龄游戏的实施中也更加明确。

（三）"畅玩"户外混龄游戏有效提高了园本教科研水平

"畅玩"户外混龄游戏是结合我园在户外活动中遇到的具体问题和难点，在理论指导下开展的研究活动。游戏方式极大激发了教师的探索和研究热情，调动了教师参与教学改革的积极性和主动性。"三看三调"制度引发了教师对自己组织的游戏的重新审视，从而逐渐养成反思的习惯，教师逐渐习惯带着思考去开展游戏，并研究游戏存在的问题。在以人为本、以教师为主体的园本教研中，教师的观念发生了转变，学会了把研讨、反思的观点放到游戏中去验证，从而锻炼和提高了教科研能力。教师的自主发展带动了幼儿园整体教科研水平的提高，集体的凝聚力也越来越强。

在实施"畅玩"户外混龄游戏的道路上，我们做了一些尝试和探索，其过程包含我们对教育的理解和对孩子们的期待。我们期盼孩子们在天地之间畅快地游戏，在游戏中获得锻炼和成长，更在成长中感受童年的真善美。

幼儿园情境性户外自主游戏的研究

青岛市城阳区顺德居幼儿园 / 辛璀璀

游戏是幼儿自主地表达自己对生活和环境的认识与体验、想法和意愿的一种活动方式。情境性户外自主游戏更注重环境的创设，创设与幼儿生活经验相适宜的活动环境，让幼儿产生身临其境的感受，仿佛置身于情境之中，体会游戏带来的自由、自主、愉悦的感觉，进而促进幼儿生长发育及其品质的发展。

本文以幼儿园情境性户外自主游戏为研究对象，采用文献资料法、访谈法和行动研究法，分析情境性户外自主游戏开展中存在的问题，并针对问题提出情境性户外自主游戏活动的研究方向，对情境性户外环境改造与区域的划分、情境性户外材料的提供与使用以及教师的有效指导策略三个方面进行了梳理和论述。研究结果表明：通过改善幼儿游戏环境，提供丰富材料，帮助幼儿树立正确的游戏观，情境性户外自主游戏促进幼儿品质和自主学习能力提高。

一、问题的提出

（一）户外活动是幼儿一日活动中的重要环节

《幼儿园教育指导纲要（试行）》[1]中明确规定幼儿园应保证幼儿在园每天不少于2小时的户外活动时间。应通过环境的创设和利用，有效地促进幼儿的发展。《3—6岁儿童学习与发展指南》[2]提出："良好的身体、愉快的情绪、强健的体质、协调的动作、良好的生活态度和基本生活能力是幼儿身心健康的重要标志，也是其他领域学习与发展的基础。"幼儿园户外活动的组织和落实是提高幼儿身体素质、培养幼儿强健体质的重要途径。

（二）户外游戏对促进幼儿全面发展具有重要意义

户外游戏为幼儿创设了更为广阔的学习空间和环境，大大激发了幼儿的探索兴趣，一方面可以促进幼儿身体的健康发展，另一方面可以促进幼儿间的积极互动与交往。幼儿学会与他人合作，沟通交流，社会性得到良好的发展。户外游戏对幼儿全面发展的重要价值日益受到重视。

（三）户外游戏受限多，阻碍幼儿户外自主游戏的发展

（1）德国韦尔多幼儿园协会认为："最基本的教育力量是自然本身。"但我们经过观察发现，多数幼儿园原先规划设计的户外环境过于追求美观和现代化，大量人工造地和景观设计导致户外区域比例失调，缺乏有效游戏环境。

（2）户外游戏材料以大型设施或中小型专业体育器械为主，多为固定的、结构性的，而非可移动的、非结构性的，功能使用固化，某些探索、创造和表达的需要难以得到满足。

（3）教师指导盲目，理念、方法落后。许多教师不喜欢开展户外游戏，认为开展游戏比上课还难，存在安全压力和很多不确定因素。有的教师将幼儿放羊管理，对幼儿游戏漠不关心，完全是幼儿游戏的旁观者，造成游戏的低效；有的教师习惯成为监督者和领导者，过分强调技能训练和教学目标的实现，评价功利化，忽视幼儿是学习的主体，导致游戏活动效果不明显。

以上问题在很多幼儿园普遍存在。为改善幼儿户外活动环境，提高幼儿户外自主游戏的水平，促进幼儿综合素质的全面提升，我们开展了对幼儿园情境性户外自主游戏的研究。

二、研究方法

1. 文献资料法

为了更全面地了解幼儿园户外活动的发展趋势，我们查阅了有关教育文献和类似的研究成果资料，了解研究动态，同时提炼出对本文有借鉴和参考价值的幼儿园户外游戏活动组织方面的信息，用于指导实践研究，建立情境性户外自主游戏活动的目标、内容、体系。

2. 访谈法

没有调查就没有发言权，我们对多名教师、幼儿和家长进行了访谈，了解周边幼儿园、共同体幼儿园及本园在户外游戏活动中存在的不足和困难，为幼儿园户外游戏活动的优化提供了客观而真实的参考资料。

3. 行动研究法

将行动和研究集合起来，遵循设计方案—实践方案—修订方案—提升策略的研究方式，引领教师边实践边反思，同伴互助教研学习，提供相应的理论支撑，与时

俱进，勇于改革，在自我反思和多形式的研讨中，不断提高教师对户外自主游戏实施的掌控能力、应变能力，为本文提供实践经验。

4.个案研究法

分析幼儿园原有户外游戏存在的问题，并做个案干预，连续对活动环境、材料和教师指导策略进行跟踪，最大程度地发挥户外自主游戏的作用，有效促进幼儿品质和自主学习能力的提升。

三、文献综述

（一）国内外研究现状

1.情境性理论研究

认知心理学家与人类学家都致力于研究情境学习，前者侧重于情境认知，后者侧重于情境学习。个体心理常常产生于构成、指导和支持认知过程的环境之中，认知过程的本质是由情境决定的，情境是一切认知活动的基础。[3]本文采用了情境认知与学习的概念。

柯林斯、布朗、诺曼和克兰西等研究者认为应该用情境化的学习环境替代现有的课堂教学环境，针对特定的学习目标，在情境性的真实的学习活动中蕴含学习的内容，让学生在真实的问题情境中实践、相互合作，而获得更为有效的学习效果。正如彼得·圣吉所说："我们重点要做的是建立'练习场馆'，使学校中的学生都能够有机会参与和练习解决他们将在校外遇见的问题。"[4]

从以上观念可以看出，已有研究发现情境性理论更注重情境与学习之间的关系，强调共同体成员之间的交往、互动，体现幼儿在活动中的自我建构。

2.户外自主游戏研究

（1）有的研究从教师视角出发，调查了教师对户外自主游戏的认识，结果发现许多教师懂得游戏是幼儿的基本活动形式，但是不知道怎么组织自主游戏；能够放手让幼儿自主游戏，但是无法解读幼儿的行为和心理；教师对于户外自主游戏的知识了解程度较浅。

（2）有研究者指出，在户外游戏环境创设过程中，应该从幼儿的角度出发，把环境创设的权利还给幼儿,充分相信幼儿能够在户外游戏环境创设过程中发挥积极作用。周欣教授指出了两种游戏场地的创设：奇遇式游戏场地和创造性游戏场地。这两类游戏场地能促进幼儿的认识、社会性等方面发展，并且场地的灵活性高，能根据幼儿需要进行调整。王小英与陈欢以32名幼儿作为访谈对象，探讨了幼儿喜爱的户外自主游戏环境,发现幼儿对于游戏功能较高的户外游戏环境满意程度较高，对于具有挑战性的游戏设施更有兴趣。

张新立、刘原微等人研究指出，要允许孩子在户外进行自由探索，给幼儿思考的空间，允许幼儿自主创编户外游戏。[5], [6]从这些理论中，我们可以看出，贴近生活的自然游戏是幼儿户外活动内容的重要组成，以幼儿为主体的自主游戏形式才能让幼儿真正体验到游戏带来的身心愉悦感受。这一成果，让我们比较好地认识到开展好户外自主游戏的重要性。

国内外大量的研究表明，让幼儿在自然环境下游戏，亲近自然，开发丰富的低结构的材料，成人为幼儿提供适当的引导，可以激发幼儿活动的积极性和创造性。但我们也发现，现有的文献研究缺乏单独从幼儿视角出发，探讨对原有户外环境进行改造，促进幼儿自主游戏发展的研究。

（二）相关概念界定

1.情境性户外自主游戏

刘焱在《儿童游戏通论》中指出：户外游戏是在户外进行的游戏活动，可以使幼儿经常接触空气，感受其温度、湿度、气流，受阳光的照射和刺激，增强对于外界环境的适应能力，加强机体的新陈代谢，促进生长。学前阶段是人的基础运动能力发展的关键时期，户外游戏是保障幼儿身体健康的重要因素。[7]

肖碧兰在《尝试自主游戏》中提出：自主游戏是幼儿在一定游戏环境中根据兴趣需要，以快乐和满足为目的，自由选择、自主开展、自发交流的积极主动的活动过程。[8]

学者戴慧群等在《幼儿园户外自主游戏活动开展的多角度分析》中指出：幼儿户外自主游戏强调幼儿是游戏的主人，它是幼儿主动参与的一种积极的活动过程。[9]

学者孙炯在《情境教育视野下的幼儿体育活动设计探析》中指出：情境即情况、环境，是由外界、景物、事件和人物关系等因素构成的某种具体的境地。情境性教育是运用具体生动的场景，激起学生主动学习兴趣，提高学习效率的一种教学策略。[10]

结合以上观点，本文中的情境性户外自主游戏是指创设与幼儿生活经验相适宜的活动环境，让幼儿产生身临其境的感受，体会游戏带来的自由、自主、创造和愉悦的感觉，促进幼儿生长发育及其品质的发展的活动。

2.情境性户外自主游戏的特征

（1）情境性户外自主游戏具有主体性。在情境性户外自主游戏中，幼儿是游戏的主人，幼儿决定游戏的内容、使用材料、开展方式，在活动中拥有充足的活动权。比如，幼儿有时将户外的小草当成青菜来"炒菜"，将石子儿当成宝石送给伙伴当礼物，将小朋友当成公共汽车里的小乘客。幼儿在自主的假想游戏中获得满足感与成就感。

（2）情境性户外自主游戏具有开放性。随着情境的改变，材料可以千变万化，游戏玩法和角色都可以随时变化，呈现出各种活动方式。比如，一根PVC管，幼儿一会儿将它当成停车场的起落杆，一会儿又用它抬花轿和跳竹竿舞，情境不断引发幼儿新的兴趣点和探索欲望。

（3）情境性户外自主游戏具有发展性。户外自主游戏的教育价值不同于集体教学活动，游戏更注重幼儿的自由和自主活动，鼓励幼儿在游戏中自我教育与发展，更能体现玩中学、玩中发展的教育价值。

四、原有户外自主游戏开展问题分析

（一）幼儿园原有规划及环境布局问题分析

1.美观性大于实用性

我们经过调查发现，很多幼儿园，尤其是城区幼儿园，户外环境在总体外观构造上呈现出一定的儿童化理念，墙面设计全部采用鲜艳明亮的浅蓝、浅黄等色彩，空间设计凸显卡通造型，有富有童趣的儿童版面画等，这些设计理念为幼儿营造了多感官体验的环境，符合幼儿园环境科学设计的基本要求。但是，在实际开展户外活动时，很多地方的设计元素不够实用，比如，造型太多，人为造成场地比例不协调，游戏空间狭小，区域空间层次单一，这些问题妨碍了户外自主游戏的开展，也不利于教师管理。

2.人工元素环境远超自然元素环境

很多幼儿园原有的建筑体地面材质多以塑胶、水泥、砖为主，能够基本满足幼儿对拍球、跑步、集体游戏等活动的场地要求；个别幼儿园户外空间范围较大，无明显的游戏设施及材料，容易造成幼儿漫无目的地玩耍，造成安全隐患；而有的幼儿园户外空间拥挤，缺乏实用性，少有的草坪、种植区散布在边角处，只能属于绿化区或者非游戏用地，人为地造成很多空间的隐形浪费。

3.单一感官体验空间多，复合型感官体验空间少

邓雨婷、余璇等人在研究中根据幼儿的感官体验认为幼儿空间可以分为三类：单一感官体验空间、两种感官协同作用的体验空间和复合型感官体验空间，经过比对，认为融入触觉体验的多感官复合型体验空间才是幼儿户外活动的最佳场所。[11]本园现有的沙水池、涂鸦墙和平衡设备等大多属于单一型空间，单独和单一游戏多，比较难以达到最佳游戏水平。

(二)原有幼儿园户外自主游戏材料提供问题分析

(1)户外游戏设施和材料单一,不利于幼儿创造性地开展游戏。

许多幼儿园的户外游戏设施以大型集成的为主,如大小滑梯、蹦蹦床和平衡攀爬架。大多数中小型运动器械属于高结构游戏材料,如跳跳球、跳绳和小车,"巧妇难为无米之炊",看似丰富但使用功能单一的户外游戏材料大大限制了幼儿游戏的发展。

(2)户外游戏材料管理不到位,不利于教师和幼儿有计划地使用。

很多材料被随意地放在一起,而且经常会因为各种活动被调换位置,导致一线教师指导幼儿收拾材料困难,不愿意让幼儿使用材料进行活动。幼儿自身对材料使用比较随意,碰到什么就用什么,头脑中缺乏材料使用计划。另外,户外材料长期在外风吹日晒,没有被及时消毒处理,存在卫生问题。

(3)户外游戏材料没有层次性,不利于不同年龄段幼儿的发展。

小班幼儿年龄小,缺乏运动经验,动作发展水平低;中班幼儿动作技能有所提高,处于游戏发展的高峰期,更加喜欢创造性游戏;大班幼儿有了一定的合作性,喜欢具有挑战性的活动。若户外游戏材料没有层次性,也不能及时更新,则对于幼儿的发展是不利的。

(三)原有幼儿园户外自主游戏教师指导问题分析

1.指导理念和方法落后

沈丹认为,很多幼儿教师把开展户外自主游戏当成考核的一部分,为了教学目标,会让幼儿按照教师的想法游戏。还有一部分教师认为户外自主游戏就是自由游戏,放纵幼儿漫无目的地玩或者无所事事。在自主游戏中,会有很多不可控的因素,很多教师常常会叫停游戏或者无理由参与游戏,盲目干预、主导游戏的发展,导致幼儿无所适从,让幼儿丧失了游戏的主动性和积极性。[12]

2.评价方法单一,重结果轻过程

通过调研,我们发现许多教师在幼儿户外自主游戏中和游戏后的评价方法很单一,多采用集体评价,忽视幼儿的个体差异,评价内容大都集中在安全问题、幼儿矛盾以及规则几方面,对于游戏开展的意义、游戏中幼儿的学习表现并没有很好地关注,影响幼儿自主游戏的教学效果和质量。

(四)原有幼儿园户外自主游戏中幼儿发展问题分析

(1)原有户外自主游戏缺乏游戏的兴趣点。户外自主游戏形式和内容,主要由教师制定，幼儿只玩类似的游戏，缺乏玩新游戏的兴趣。

（2）原有户外自主游戏缺乏游戏的自主性。在高控的氛围和环境中，教师希望幼儿在每一次游戏中都有一定的提升，潜移默化中导致幼儿会按照教师的期望进行游戏，无法拓展自己的想象力和思维空间。

（3）幼儿对自身游戏的评价较单一。幼儿经常会在教师的要求下进行游戏分享，但是有些只是流于形式、草草结束。在评价内容上，教师多是让幼儿讲讲自己做了什么，用了什么材料，幼儿的自我评价效能很低。

五、幼儿园情境性户外自主游戏的策略与实施

（一）基于幼儿视角，构建有效户外环境

1.关注自然，构建野趣环境

户外游戏场地的构成要素主要包括固定的器械与设施、人均固定空间和户外的自然环境，幼儿的游戏行为和游戏水平受这些因素的影响。原先规划的场地被水泥、塑胶、假草和沥青布满，这些现代化的游戏场地具有人工性、规范性和呆板性，而缺乏自然性，这些场地是教师组织集体体育游戏的最佳选择，而非幼儿户外活动的最佳选择。应对幼儿园户外环境进行全面改造，破除大块的水泥、沥青和塑胶地面，暴露泥土和部分沙地，种植真草坪，在合适的位置构筑山坡，建造微地形，让幼儿最大限度地回归自然。

2.关注区域，构建有效环境

按照场地位置特点，将较隐蔽的临近绿化带、小树林的长条形区域，规划为野战区和野餐区；把与沙水区连接的小桌、小椅规划为生活游戏区；把偏僻的小角落规划为阅读区；在大树下平坦的草地上为幼儿提供小木屋、小帐篷，打造休闲区；把低矮的院墙、粗糙的板块打造为涂鸦区；同时注重空间的体验层次，在沙坑的基础上增设树木、攀爬绳等，容许多个幼儿使用，引导幼儿在区域内彼此交流与互动。通过合理的、科学的规划和设计，园内每个地方都变成了幼儿游戏的乐园，也可以在同一时间最大限度地容纳所有班级进行户外活动，既保证了幼儿户外游戏时间，也有利于教师在组织活动时的安全管理。

（二）关注幼儿发展，投放多元户外游戏活动材料

1.开放投放，激发创造性

户外游戏活动材料会对游戏内容和性质产生影响，游戏内容会对幼儿的创造性产生影响。在很多时候，我们常会为投放什么户外活动材料而纠结，总觉得已经没

有什么可以让幼儿玩了。事实上，当下户外游戏活动材料不是没有，而是我们对材料的定义过于狭隘，还有很多材料没有被投放到户外，如废旧报纸、PVC管子、铁桶、筐子、各种纸箱。其实在幼儿的游戏世界里，没有什么固定的材料，也没有哪种材料有固定用途，一切都会随着他们游戏的需要而发生变化。比如通过观察游戏，我们发现大小不同的纸箱，幼儿一会儿用来垒建城堡，一会儿用来"炒饭"，一会儿用来做小动物的家……因此，我们尝试将更多的低结构、多功能材料融入户外游戏中，如旧床单、桌布、横幅、废旧管子、毛线、麻绳。一方面我们可以用它们自制户外器械，比如用大桶水桶做成风火轮，用易拉罐做成梅花桩和保龄球套装；另一方面幼儿在游戏中随时可以根据游戏进程和需要赋予材料实际意义，让幼儿的创造性行为有更大的发散空间。

2.差异投放，关注幼儿发展

幼儿间存在个体差异性，在材料投放中，要从幼儿年龄、兴趣、教学目的三个方面来选取合适的材料进行差异性投放。应同时投放难易程度不同的材料，供不同动作发展水平的幼儿选择。我们也要照顾不同年龄段幼儿的发展水平，比如在抛掷区投放不同大小的球，设置不同大小的洞口，会给幼儿带来不同的挑战，让每个年龄段的幼儿都能在"跳一跳，摘个桃"的"最近发展区"内获得良好的发展。同时，幼儿户外自主游戏的设置也应呈现递进式趋势，注重材料的开放性，要不断添加和更换新的材料，引发幼儿新的游戏欲望，使幼儿对游戏保持长久的热情和参与度。

3.主题投放，激发参与热情

幼儿园的教育课程大多是以主题活动形式进行的，在情境性户外游戏的开展过程中，投放主题材料方便幼儿开展主题情境游戏。比如在建军节期间开展的"我是小小兵"主题中，我们在户外集中投放了迷彩衣、梯子、担架、各种投掷用的"手榴弹"、自制"手枪"、麻袋等材料，并在游戏前进行了"战前总动员"，引导幼儿多物共享，围绕特色主题投入"战斗"中；夏天水的主题下"水枪大战"，为激发幼儿参与活动的兴趣，我们向幼儿打开了后勤大库，让幼儿自选各种材料，自主搭建掩体，自主设计"作战方案"，活动不仅让幼儿体会到了玩水乐趣，也锻炼了幼儿的团队协作能力，提高了他们的自信心。

（三）发现幼儿需要，提供有效支持与引导

1.明确角色，关注时机

教师在指导幼儿自主游戏时可通过各种方式介入，而有效观察是指导幼儿户外自主游戏的前提。第一，教师要明确角色。教师要尊重幼儿是游戏的主体，要根据幼儿的需要不断转换角色。当幼儿游戏中出现困难时，有的幼儿会利用自己的已有经

快乐户外篇

验和方法来解决,有的则需要教师提供实时的帮助。例如,一名幼儿几次攀爬大树,想要够到树上的毽子,都不能成功,哭哭啼啼想要放弃,教师建议:"你可以想个办法,什么工具可以帮助你呢?"这名幼儿找了木梯和一个羽毛球拍,在教师的安全护导下,成功将毽子取下,欢呼雀跃。第二,教师要关注时机。教师可以将幼儿游戏过程分解为"已有经验表现""正在进行的自我挑战""可能的发展"三个部分,敏锐地捕捉幼儿发展的时机,为幼儿提供支持,有效地满足幼儿的需要。

2.关注过程,解读游戏

《3—6岁儿童学习与发展指南》指出:帮助幼儿逐步养成积极主动、认真专注、不怕困难、敢于探究和尝试、乐于想象和创造等良好的学习品质。这就要求教师在幼儿游戏的过程中,不仅要关注游戏的结果,还要耐心关注游戏的过程,只有关注过程,才能在解读游戏的基础上发现幼儿的学习行为和发展。例如,教师看到一名幼儿拿着一根PVC管不停地站在原地上下摆动,当教师走进他,认真观察,才发现原来他在扮演小区门口的门禁起落杆。教师还会发现幼儿在游戏中经常会面对各种"困难",如没有玩伴、玩具被抢走,幼儿自己解决问题,表现出优秀的学习品质。

3.关注身心,因势利导

《幼儿园教育指导纲要》指出:幼儿园以游戏为基本活动,游戏中幼儿的身心发展情况直接关系幼儿的全面发展,关注幼儿的身体发展与心理感受同样重要。活动中,教师要关注幼儿的体质和体能水平,为不同需求的幼儿提供适宜的支持。例如,我所带班级的幼儿浩浩和好朋友一起玩梯子,他们自己用轮胎和平衡木架构了各式各样的"高地",并尝试跳下。可浩浩很害怕,不敢跳。我之前通过浩浩的妈妈了解浩浩恐高。我告诉他:"这个是最安全的高地,而且老师还为你准备了'蹦蹦床'(其实是放了两层保护垫),你不想试试跳下来会不会弹起来?"浩浩听到我的话,好像忘记了恐高,兴奋地爬到上面,一跃而下,而且兴奋地告诉我:"老师,真的可以弹起来,但是,不像蹦蹦床那样弹很高。"接下来,浩浩慢慢地融入跳跃集体中,虽然他仍然没有从最高的地方向下跳,但是我知道他已经战胜了自己,身体和心理方面都得到了锻炼。幼儿的身体和心理健康相互联系、互相促进,因材施教、因势利导,让幼儿在游戏中按照自身的速度和方式到达发展的"阶梯"。

4.关注安全,注重保护

毋庸置疑,安全是幼儿园教育工作的重中之重。户外活动中,为了将安全风险降至最低,教师可以从三个方面入手。第一,做好安全准备,包括安全预案和活动准备,了解场地及周边环境,关注幼儿的原有经验和身体状况。第二,重视幼儿自我保护能力的培养。教师在活动前和幼儿讨论:可以怎么玩?应该怎么玩?怎样做是安全的?帮助幼儿养成守规则的游戏习惯,树立安全意识。第三,增强教师的安全责任心和安全意识。教师掌握有效的组织策略，让每个幼儿都在自己的视野范围内活动，通过正面引导、树立安全榜样、随机教育等方式，让幼儿知道安全地做游戏会受到表扬，有危险的行为会被叫停，帮助幼儿通过事例理解安全知识。另外，活动后及时总结和梳理，帮助幼儿提升安全经验。教师要全过程关注幼儿的安全和自我保护意识，打好幼儿园情境性户外自主游戏的安全保障基础。

六、开展情境性户外自主游戏的建议

（一）拓展幼儿游戏思路，丰富游戏主题

我们在教学实践中发现，情境性户外自主游戏不仅可以广泛应用到常规的户外活动中，还可以应用到其他形式的户外活动中。例如，足球嘉年华活动中，通过开展情境性足球游戏"足球人和木头人""九宫格大战"等，不仅让幼儿在游戏中掌握了初步的足球技能，也增强了幼儿对足球的兴趣。幼儿亲子运动会，围绕情境性主题"我是小小兵"设计游戏项目，有"穿越火线""占领营地""物资运输"，幼儿在情境性的项目比赛中不仅锻炼了体能，展示了运动风采，潜移默化中还受到了爱国主义启蒙教育。在围绕传统节日开展的"年货大集""端午节义卖"等特色户外活动中，幼儿积极参与情境性自主游戏，感受到了浓浓的中国味。情境性户外自主游戏通过游戏的方式，有效激发了幼儿参与户外活动的积极兴趣，对促进幼儿全面发展起到了重要的推动作用。

（二）培养幼儿游戏能力，引领幼儿自我发展

幼儿是游戏的主体，如果长期不被重视，幼儿的游戏能力也会降低。为提升幼儿的游戏能力，一方面，教师可以引导幼儿自主确定主题，通过与幼儿讨论玩法等方式让孩子懂得自己的想法会得到尊重和理解。另一方面，在游戏中教师一定要谨慎介入，允许幼儿自主分配角色，自主选择材料，自主确定规则，这样幼儿的独立性和自主性会得到培养。另外，鼓励幼儿主动分享户外自主游戏体验，学会自评，比如问幼儿："你觉得哪个游戏最好玩？你发现了什么？你是怎么做到的？"教师也要对幼儿的"评价"做出相关的"评价"，表现出作为欣赏者的赞叹、作为参与者的快乐、作为同盟者的见解，让幼儿在他评中树产生就感，体验真正的玩中学、学中玩，在游戏中不断成长。

（三）重视幼儿发展需求，进行个别教育

观察幼儿的游戏活动，了解幼儿游戏的意图、能力及行为表现是教师的一项重

要工作，根据了解的情况给幼儿以帮助或指导。幼儿具有不同的个性特点，无论在体力、知识、能力、行为表现、性格等方面均有差异。在实际游戏的开展中，并不是每个幼儿都能在角色游戏中获得很好的发展。有的幼儿在游戏中显得非常活跃，能创造性地想出多种玩法；而有的幼儿在游戏中显得比较被动，被孤立或受冷落；有的幼儿在游戏中非常投入，能较长时间对同一内容进行游戏；而有的幼儿在游戏中虽然专注，但是持续的时间较短，经常变换游戏对象。教师要善于观察幼儿的活动，了解每个幼儿的特点和表现，通过游戏，给他们展示的舞台，通过评价发现好的想法，并推广他们的想法，重新激发起幼儿对游戏的热情和信心。但是教师不能刻意让幼儿达到某种水平，这样容易损害幼儿身心健康。

（四）提高教师解读游戏能力

在情境性户外自主游戏中，教师应做到"闭上嘴、管住手、睁大眼、竖起耳"，更进一步地，教师应学会解读游戏。比如在案例《萝卜喂小兔》中，有的教师会结合《3—6岁儿童学习与发展指南》，发现游戏包含了动手能力强、自己的事情自己做、专心看艺术品、有模仿愿望、对周围的事物和现象感兴趣等多方面的学习行为。可是在教师的综合素养培养中，过多地关注弹唱和教学等素质，使很多教师的解读游戏能力得不到较好地提升，大大阻碍了情境性户外自主游戏的发展。因此，重视对教师解读游戏能力的培训力度，提高教师的综合素养，将有效推动情境性户外自主游戏的发展。

本文探讨了幼儿园情境性户外自主游戏的开展情况。在研究的过程中，我们发现开放的游戏环境和游戏材料打开了幼儿与生活、幼儿与自然之间的通道，幼儿在掌控环境材料的过程中，不断习得人与人之间、人与自然之间的相处方式，并积累自己的学习经验，形成终身学习的能力。情境性户外自主游戏作为幼儿园户外活动的一种形式，解放了教师指导游戏的思想，通过为幼儿提供有准备的环境，为幼儿提供不断发展的机会，真正实现"做中学""游戏中学"的教育理念。本研究现在正处于中期研究阶段，对于情境性户外自主游戏的研究范围和组织形式研究还不够深入，本研究运用的范围需要进行更为清晰地界定，需要理论和实践的支持。

参考文献

[1] 中华人民共和国教育部.幼儿园教育指导纲要（试行）[M].北京：北京师范大学出版社，2001.

[2] 中华人民共和国教育部.3—6岁儿童学习与发展指南[M].北京：首都师范大学

出版社,2012.

[3]高文.情境学习与情境认知[J].教育发展研究,2001(8):30-35.

[4]姚梅林.从人到情境:学习范式的变革[J].教育研究,2003,24(2):60-64.

[5]张新立.让儿童的游戏亲近大自然[J].学前教育研究,2006(5):38-40.

[6]刘原微.重视户外活动 并促进幼儿发展[J].教育文汇,2002(5):33.

[7]刘焱.儿童游戏通论[M].北京:北京师范大学出版社,2004.

[8]肖碧兰.尝试自主游戏[J].教育与管理,2003(9):52.

[9]戴慧群,孔德才,郭丽琴.幼儿园户外自主游戏活动开展的多角度分析[J].教育现代化,2019(44):237-241.

[10]孙炯.情境教育视野下的幼儿体育活动设计探析[J].成才之路,2016(22):77.

[11]邓雨婷,余璇,张跃,等.感官体验理念在幼儿园户外环境中的运用研究——以南京市科睿幼儿园为例[J].北京园林,2019(4):20-26.

[12]沈丹.教师指导幼儿自主游戏活动存在的问题及解决策略[J].课程教育研究,2018(5):21-22.

户外混龄自主游戏中教师支持策略的研究

青岛市李沧区青峰路幼儿园 / 王艳

在户外混龄自主游戏中，场地、材料是开放的，幼儿是自主的，他们拥有活动的选择权，想去哪里玩、想和谁玩、想玩什么、想怎样玩，都是自己说了算。幼儿能真正实现所做即所想，在共同选择游戏材料、游戏内容、创设情境、收拾整理等过程中，感受户外混龄自主游戏带来的快乐。户外混龄自主游戏真正让游戏成为学习的主要渠道。

教师将观察到的幼儿自主游戏行为片段进行记录，结合《3—6岁儿童学习与发展指南》各领域的目标以及相关理论，正确地解读幼儿的游戏行为，形成具体可行的指导策略，提高教科研能力。在研究中，教师就幼儿的发展状态、水平等进行分析与判断，这不仅能促进幼儿在原有水平上提高，而且能帮助新教师掌握行之有效的观察与解读幼儿的方法，帮助新教师快速成长。

一、问题的提出

（一）课题的问题及背景

幼儿园户外的场地有充足的阳光、清新的空气、开阔的空间，能够给幼儿提供愉悦的精神体验。它不仅是功能单一的运动场所，还具有超越室内的优势，各种各样有趣味的游戏活动都可以在这里进行。但传统的户外游戏是以班级为单位的户外集体游戏和分散活动，仅以发展幼儿运动技能为主，游戏场地、材料、内容、规则大多由教师决定，没有真正从幼儿的兴趣、需要出发，没有考虑幼儿在活动中的主动性发展。

《3—6岁儿童学习与发展指南》指出："幼儿的学习是以直接经验为基础，在游戏和日常生活中进行的。要珍视游戏和生活的独特价值，创设丰富的教育环境，合理安排一日生活，最大限度地支持和满足幼儿通过直接感知、实际操作和亲身体验获取经验的需要。"

我园在丰富原有运动区材料和功能的基础上，充分挖掘户外环境的有利因素，以"户外游乐场"的方式，将平时幼儿在室内玩的角色区、表演区、科学区、美术区等社会性、探索性区域拓展到了户外，并且以混龄游戏的模式，让幼儿参与其中。同时我们采用区域相对集中与幼儿分散游戏相结合的方式，将户外场地分为运动挑战区、角色区、绘画区等不同区域，创设多种幼儿喜爱又无固定模式的游戏场景，让幼儿能够自由、自主地选择游戏。

但是，在户外混龄游戏开展的初期，我们发现了一些问题：幼儿游戏兴趣持续时间短，游戏不能持续深入；游戏中同班、同龄幼儿互动多，异龄幼儿的互动少。教师不能正确把握介入指导时机和尺度，没有形成一个良性的师幼互动状态。同时，家长对户外混龄游戏的作用缺乏了解，担心没有自己孩子班的老师看护，会出现安全隐患。

我们将户外混龄自主游戏中教师支持策略的研究作为本次研究的主题。旨在通过研究，引领教师和家长全面地了解户外混龄游戏在幼儿成长与发展中的重要作用。引领教师尝试将观察到的幼儿自主性游戏行为片段进行记录，并结合相关理论，正确地解读幼儿的游戏行为，形成具体可行的指导策略，提高教科研能力。

（二）研究的目的与意义

1. 研究目的

本研究的目的是丰富和完善户外混龄游戏中教师支持策略的理论研究。国内外的相关研究，均聚焦于混龄游戏的研究，关于户外混龄自主游戏中教师的支持策略的研究则属于空白点。本文将在深入实践的基础上，形成基于实践、服务于实践的户外混龄自主游戏相关理性思考，形成户外混龄自主游戏中教师的支持策略。

2. 研究意义

本研究的意义是提升幼儿自主游戏的水平，实现户外混龄游戏的重要价值。混龄环境更接近于真实的社会生活，可以让不同年龄段的幼儿学会相互关心，培养良好的社会适应能力。在幼儿园实施混龄游戏，为幼儿营造了一种类似于兄弟姐妹相处的大家庭氛围，更多地满足了幼儿社会性交往和合作学习的需要，对幼儿的交往能力、社会责任感的形成都有不同程度的促进作用，也可以全面提升教师的研究意识和能力。

（三）关键概念界定

户外混龄：将3—6岁不同年龄的幼儿组合在一起，在户外这个宽松、自由的大环境中，不分大、中、小班开展活动。

自主游戏：幼儿根据自己的兴趣和需要，自主、自发地进行游戏，是以游戏本身为目的，让幼儿自主选择场地、材料、玩伴和玩法的活动过程。

教师的支持策略：教师在活动中通过一系列的引导、支持行为，激发幼儿的活动兴趣，促进幼儿想象力、创造力、表现力等能力的提高。

二、主要研究内容与方法

（一）研究内容

（1）环境及材料对幼儿开展户外自主游戏作用的研究。

（2）提高教师观察与解读幼儿游戏能力的研究。

（3）教师在幼儿户外自主游戏前、中、后三个阶段采用的支持策略的研究。

（二）研究方法

（1）观察法。利用看、听、记、说等形式，对幼儿的互动行为进行观察、分析，形成观察记录。

（2）调查法。通过设计、发放调查问卷，对当前混龄游戏中幼儿互动行为的现状进行调查，形成调查报告，为深入研究提供依据。

（3）案例研究法。通过对某一个幼儿或游戏功能区进行跟踪观察、记录，形成游戏案例，对幼儿的行为进行分析和解读。

（4）行动研究法。研究中，课题组、教师与幼儿、家长共同参与研究，课题组悉心听取多方面的反馈和建议，以期研究成果对教师的工作具有实际指导意义。

三、研究结果及其分析

（一）通过观察量表对比数据

通过课题进行的不同时期观察量表的数据对比，分析教师与幼儿在户外混龄自主游戏中的变化。

在研究初始时的观察量表调查中，对教师的观察量表共下发20份，统计结果如下。

表1 教师的观察量表（研究初期）

1.教师是否对区域内材料及时整理及调整	每天	100%	经常	0%	偶尔	0%

续表

2.教师是否有意识地促进幼儿共同游戏	意识较强	10%	偶尔有	90%	基本没有	0%
3.教师是否关注共同游戏幼儿的年龄差	十分关注	0%	经常关注	0%	偶尔关注	100%
4.教师是否有意识地促进异龄幼儿的交往	一直在努力	0%	偶尔	15%	基本没有	85%
5.教师解决幼儿困难的方法是否合适	合适	25%	一般	75%	不合适	0%
6.教师介入的时机是否恰当	很恰当	15%	一般	85%	不恰当	0%
7.教师是否设法延长幼儿在此区域的游戏时间	是	0%	有时会	50%	没有	50%

在研究中期时的观察量表调查中，对教师的观察量表共下发了20份，统计结果如下。

表2　教师的观察量表（研究中期）

1.教师是否对区域内材料及时整理及调整	每天	100%	经常	0%	偶尔	0%
2.教师是否有意识地促进幼儿共同游戏	意识较强	100%	偶尔有	0%	基本没有	0%
3.教师是否关注共同游戏幼儿的年龄差	十分关注	95%	经常关注	5%	偶尔关注	0%
4.教师是否有意识地促进异龄幼儿的交往	一直在努力	100%	偶尔	0%	基本没有	0%
5.教师解决幼儿困难的方法是否合适	合适	80%	一般	20%	不合适	0%
6.教师介入的时机是否恰当	很恰当	85%	一般	15%	不恰当	0%
7.教师是否设法延长幼儿在此区域的游戏时间	是	90%	有时会	10%	没有	0%

从对教师的观察量表数据分析中，可以明显看到初期调查时教师对于幼儿混龄游戏意识不到位，基本没有促进幼儿异龄交往的意识；解决困难的时机、方法等都

不够恰当。而中期调查时教师对于幼儿混龄游戏意识明显增强，每天都有意识地促进异龄幼儿的交往和共同游戏；能够在合适的时机介入游戏，解决问题。

在研究初始时的观察量表调查中，对幼儿的观察量表共下发50份，统计结果如下。

表3　幼儿的观察量表（研究初期）

1.幼儿是否对区域内的材料感兴趣	较感兴趣	100%	一般	0%	不感兴趣	0%
2.幼儿是否与同伴共同游戏	经常	30%	偶尔	70%	不一起游戏	0%
3.幼儿是否与异龄同伴共同游戏	共同游戏	0%	偶尔	10%	不共同游戏	90%
4.幼儿在游戏中与同伴交流时间	较长	0%	偶尔	70%	不交流	30%
5.幼儿在游戏中是否遇到解决不了的困难	经常	0%	偶尔	85%	没有困难	15%
6.幼儿的困难是否得到了较好的解决	已解决	0%	基本解决	90%	没有解决	10%
7.幼儿在一个区域中持续游戏的时间	较长	0%	一般	100%	较短	0%

在研究中期时的观察量表调查中，对幼儿的观察量表共下发50份，统计结果如下。

表4　幼儿的观察量表（研究中期）

1.幼儿是否对区域内的材料感兴趣	较感兴趣	100%	一般	0%	不感兴趣	0%
2.幼儿是否与同伴共同游戏	经常	90%	偶尔	10%	不一起游戏	0%
3.幼儿是否与异龄同伴共同游戏	共同游戏	80%	偶尔	20%	不共同游戏	0%
4.幼儿在游戏中与同伴交流时间	较长	85%	偶尔	15%	不交流	0%

续表

5.幼儿在游戏中是否遇到解决不了的困难	经常	0%	偶尔	85%	没有困难	15%
6.幼儿的困难是否得到了较好的解决	已解决	60%	基本解决	30%	没有解决	10%
7.幼儿在一个区域中持续游戏的时间	较长	50%	一般	50%	较短	0%

对幼儿的观察量表分析中以明显看到，初期调查时幼儿基本没有与异龄幼儿共同游戏的意识；与异龄幼儿之间基本无交流；幼儿在游戏时喜欢自己玩，基本不与同伴沟通交流；出现的问题有时得不到解决；在一个区域中游戏时间较短，没有持久性、延续性，也就是说区域吸引力不大。而中期调查时幼儿混龄游戏意识明显增强，幼儿大多可以跟同伴共同游戏；有意识地寻找异龄幼儿进行交往和共同游戏；在遇到问题时能解决问题或寻求帮助；在同一区域中游戏时间明显增加。

（二）通过调查问卷发现户外混龄自主游戏中的主要问题

我们针对户外混龄教育的现状，对园内的25名教师发放了调查问卷。我们主要针对"园内户外活动设施、游戏现状""教师在户外混龄自主游戏中主要扮演的角色、采用的组织方式""影响幼儿户外混龄自主游戏有效开展的因素""教师与家长对参与户外混龄游戏的态度""户外混龄自主游戏后的讲评环节的组织形式"五个方面进行问卷调查与分析。

（1）关于园内户外活动设施、游戏现状，68%的教师认为我园的户外活动设施明显增多，户外混龄自主游戏活动已初具游戏规模，场地划分合理。

（2）关于教师在户外混龄自主游戏中主要扮演的角色、采用的组织方式，96%的教师认为自己在户外混龄自主游戏中主要扮演的角色是支持引导者；72%的教师认为自己在平时组织幼儿户外混龄自主游戏时，最常用的组织形式是乐于尝试以合适的身份与角色参与和促成幼儿的户外混龄游戏。

（3）关于影响幼儿户外混龄自主游戏有效开展的因素，88%的教师认为影响幼儿户外混龄自主游戏有效开展的因素主要是各班幼儿年龄和能力的差异。

（4）关于教师与家长对参与户外混龄游戏的态度，96%的教师认为开展混龄教育对年龄大和年龄小的幼儿发展都有利；52%的家长认为幼儿参与户外混龄游戏非常重要。

（5）关于户外混龄自主游戏后的讲评环节的组织形式，90%的教师在户外混龄自主游戏后的讲评环节的组织形式是集中讲评。

从调查中我们可以看出：最近三年，本园的户外混龄自主游戏设施明显改善；教师有以幼儿为本的理念，能摆正自己在幼儿户外混龄自主游戏中的角色，根据活动的具体需要，起支持者、观察者、合作者的作用；教师与家长在对幼儿参与户外混龄自主游戏问题上的契合度高，多数家长认为幼儿参与户外混龄自主游戏非常重要，大多数教师认为开展混龄教育对年龄大的和年龄小的幼儿发展都有利；教师们采用的讲评形式基本都是集体讲评的方式，讲评的时间基本都是在收玩具时，现场比较混乱。

调查结论如下。

（1）课题开展后，教师的混龄意识明显增强了，在日常的教育、教学工作中，有计划、有目的地进行积极的引导。教师愿意进行有效的、积极的改变，使幼儿在混龄游戏中得到充分的发展。

（2）课题开展后，幼儿的意识因为教师的引导发生了很大的改变，不再固守在自己的小天地中，愿意与同伴交流，也愿意尝试与不认识的其他年龄段幼儿共同游戏，并在游戏中获得更多的发展。

（3）教师在课题开展后，通过不断的学习、积累、探索、总结，在对于混龄游戏中幼儿互动行为也有了更深一层的理解，也能够更好地对幼儿的混龄游戏进行更深层次的解读和支持。

四、结论

（一）实践成果

1. 提供丰富、多样、有层次性的户外游戏场地

我们根据不同年龄幼儿的各种能力水平，因地制宜地创设了轮胎区（有各种轮胎以及小拱门等）、攀爬挑战区（有大型拼搭类器材）、户外器械区（有自制飞盘、沙包、高跷等）、建构区（有户外大型积木、废旧奶粉桶、纸箱等）、玩水区（有各种废旧管道、瓶子）等多个混龄游戏区域。我们在提供丰富游戏材料的基础上，更加注重层次性，利于幼儿根据自己的能力自主地选择，利于幼儿之间混龄游戏的开展。

2. 通过开展户外混龄自主游戏，促进幼儿各种能力的发展

（1）增强了幼儿的社会交往能力。

（2）促进各年龄段幼儿合作意识的提高。

（3）培养了幼儿的责任感，提高了幼儿的自信心。

(二)理论成果

1. 促进了教师的专业化成长

开展课题前的户外游戏,通常是以班级为单位进行活动,教师组织集体游戏或将幼儿分散在某一特定区域内活动,教师只关注活动效果以及幼儿是否安全。而在户外混龄自主游戏中,幼儿已经成为游戏的主人。在保障幼儿安全的前提下,教师有目的、有计划地进行观察,并通过"微格分析"的方法,将幼儿游戏过程进行有效的解读与分析,从而在游戏中更好地给予幼儿支持,更准确地把握介入时机,使幼儿更好地发展。

2. 形成可操作的、能支持幼儿户外混龄自主游戏的策略

(1)教师合理分配时间并用音乐作为提醒,当固定音乐响起时,教师进行有针对性的讲评,讲评后再收玩具,使讲评更有效,收玩具也更快、更高效。

(2)讲评形式灵活多样,集中讲评主要解决重点问题,随机指导、小团体讲评主要解决难点问题,从而提高游戏的有效性与针对性。

(3)教师在游戏中注重观察,适时介入。介入的时机有以下三种:当幼儿遇到困难时教师需适时介入,助推游戏的开展;当幼儿发生纠纷不能自己解决时,教师介入调解保证游戏的进行;当教师发现危险时及时介入,保证幼儿的游戏安全。

五、存在的问题与后续研究

经过对户外混龄自主游戏中教师的支持策略进行研究,我们发现:仍然有一小部分幼儿,只和身边的同龄伙伴交往,不善于和异龄伙伴交往,这也是我们以后继续研究的一个方向。

附录

表1 户外混龄自主游戏中教师游戏观察量表

时间:	区域名称:	观察教师:
观察内容	评价标准(打钩)	
1.教师是否对区域内材料及时整理及调整	每天 经常 偶尔	
2.教师是否有意识地促进幼儿共同游戏	意识较强 偶尔有 基本没有意识	

续表

3.教师是否关注共同游戏幼儿的年龄差	十分关注 经常关注 偶尔关注
4.教师是否有意识地促进异龄幼儿的交往	一直在努力 偶尔 基本没有
5.教师解决幼儿困难的方法是否合适	合适 一般 不合适
6.教师介入的时机是否恰当	很恰当 一般 不恰当
7.教师是否设法延长幼儿在此区域的游戏时间	是 有时会 没有
评价分析	

表2 户外混龄自主游戏中幼儿游戏观察量表

时间：	区域名称：	观察教师：
观察内容	评价标准（打钩）	
1.幼儿是否对区域内的材料感兴趣	较感兴趣 一般 不感兴趣	
2.幼儿是否与同伴共同游戏	经常 偶尔 不一起游戏	
3.幼儿是否与异龄同伴共同游戏	共同游戏 经常 偶尔	
4.幼儿在游戏中与同伴交流时间	较长 偶尔 不交流	
5.幼儿在游戏中是否遇到解决不了的困难	经常 偶尔 没有困难	
6.幼儿的困难是否得到了较好的解决	已解决 基本解决 没有解决	
7.幼儿在一个区域中持续游戏的时间	较长 一般 较短	
调整建议		

户外混龄自主游戏现状调查教师问卷

1.最近三年，本园的户外活动设施的变化情况（　　　　）。
A.几乎不变　　B.明显减少　　C.明显增多　　D.彻底改变

2.您认为开展混龄教育（　　　　）。
A.对年龄小的幼儿发展较有利　　B.对年龄大的幼儿发展较有利
C.对两者发展都有利　　　　　　D.对两者发展都不利

3.您认为本园户外混龄自主游戏活动的游戏现状是怎样的？（　　　）

A.混乱：场地混乱，材料乱，幼儿游戏无序

B.已初具游戏规模，场地划分合理

C.教师介入活动恰当、及时

D.幼儿只听从自己班教师的指导，无视别的班教师的指导

4.您在户外混龄自主游戏中主要扮演的角色是（　　　）。

A.组织示范者　　B.支持引导者　　C.安全保护者

D.纪律维持者　　E.活动合作者

5.平时您组织幼儿户外混龄自主游戏时，最常用的组织形式是（　　　）。

A.幼儿自主选择器械，教师只看不干预

B.引导能力强的幼儿带能力弱的幼儿游戏

C.引导幼儿大带小，协助幼儿混龄活动

D.乐于尝试以合适的身份与角色参与和促成幼儿的户外混龄游戏

6.您认为影响幼儿户外混龄自主游戏有效开展的因素有哪些？（　　　）

A.场地太小或无户外活动场地　　　　B.各班幼儿年龄和能力的差异

C.提供的材料不适合开展户外混龄活动　　D.教师的过分干预或完全放手

7.您经常采取什么方式观察和记录幼儿在户外活动中的状态？（　　　）

A.书面文字　B.手机　C.照相机　D.摄像机　E.其他

8.您所认识的家长认为幼儿参与户外混龄自主游戏（　　　）。

A.非常重要　　B.比较重要　　C.不重要

请简述：

1.对户外混龄自主游戏后的讲评环节，您一般采用什么组织方式？

2.对户外混龄自主游戏后的讲评环节，您的困惑有什么？

3.您认为影响户外混龄游戏的因素有哪些？

观察发现篇

"结"锁童心 "构"画童趣

青岛市市北区广和幼儿园 / 邢召伟

结构游戏是指幼儿利用日常生活中的各种结构材料来建构自己感兴趣的物体的游戏。在结构游戏开始前，幼儿需要在头脑中形成构想，然后根据头脑中已有的构想，选择建构材料，再现蓝图。在结构游戏中，幼儿通过操作反映现实生活，反映个人世界，这些都有利于促进幼儿各方面的发展。在结构游戏后，幼儿通过分享、评价等方式，不仅能够获得乐趣，而且获得知识。在幼儿结构游戏前、中、后三个环节，教师指导对幼儿结构游戏的效果有重要影响。

一、结构游戏研究目的与方式

（一）研究目的

（1）通过理论学习培训，让教师了解搭建区大、中、小班幼儿纵向发展目标。

（2）通过参与式培训，让教师掌握不同年龄段幼儿马路、门、围墙、楼房的搭建方法，达到举一反三的效果。

（3）在小组讨论学习中，提高教师在开展结构游戏中的指导、评价能力。

（二）研究方式

研究方式有现状调研、理论培训、疑难解答、小组模拟搭建。

二、研讨步骤

（一）第一阶段：观摩研讨

1.观摩活动，交流讨论

园长、教师在大班、中班、小班级部各选一个班，观摩其结构游戏现场搭建活动，注意观察教师和幼儿在搭建过程中存在哪些问题。

结合观摩情况，展开级部交流、讨论。教师认为结构游戏活动存在下列问题。

（1）游戏中大、中、小班幼儿搭建技能差别不明显，没有递进性。

（2）教师缺乏搭建技能、经验，不清楚指导目标，不清楚各年龄段幼儿结构游戏技能发展目标。

（3）游戏活动中幼儿"放羊"现象比较多。

2.管理现状分析

幼儿园在结构游戏中也做了不少教研、指导工作，如"主题活动搭建""积塑玩具拼插"等教研活动，均取得不错的效果。但缺少整理，没有将各年龄段幼儿的结构游戏发展目标、技能梳理，导致教师只了解本班级年龄段幼儿发展目标，在幼儿升班后对其指导跟不上，幼儿搭建水平没有发展或者不如以前。

3.小结

如何通过结构游戏的研究，在引领教师专业成长的基础上，促进幼儿发展，是园内教研活动中重要问题之一。

（二）第二阶段：制定目标

1.小班幼儿结构游戏技能发展目标

（1）在摆弄玩具、玩玩做做中体验建构的快乐，愿意与同伴交流，表达自己的感受和发现，并能注意倾听他人讲话。

（2）在教师引导下，愿意探索平铺、延长等建构方法，初步体验规则，学习等待，轮流玩，会寻求帮助，能在教师的鼓励和帮助下坚持做完一件作品，并在游戏中逐步学习与同伴分享玩具、材料，感受与同伴一起游戏的快乐。

（3）能根据材料，在教师的引导下，搭建出一至二种不同形状的马路、门、围墙、楼房等作品。

（4）进行主题性建构时，能在教师指导、帮助下，运用掌握的技能与同伴共同搭建，感受集体建构的快乐。

（5）愿意在集体面前，分享自己搭建的作品，能对自己搭建的作品进行简单介绍，并在教师的引导下将材料按类别收拾、整理。

2.中班幼儿结构游戏技能发展目标

（1）有参与结构游戏的兴趣，能比较持久地进行游戏，并有初步的合作意识。

（2）在游戏过程中感知数、形、整体与部分的关系，能运用多层垒高、镂空、排序、对称搭建等基本技能进行搭建，获得空间感和立体感。

（3）能根据材料和自己的想法进行作品搭建，搭建出三至五种不同形状的马路、门、围墙、楼房等作品，愿意与同伴交流自己的想法。

（4）进行主题性建构时，在教师指导下，能与同伴协商、分工、合作，体验与同伴合作的过程，感受集体建构的快乐。

（5）愿意与同伴交流自己的搭建成果，能介绍自己所搭建的部分，对作品有一定的自评和他评能力，会按类别收拾、整理材料。

3.大班幼儿结构游戏技能发展目标

（1）在游戏中体验完成建构作品的乐趣，感受与同伴合作游戏的快乐，喜欢参加集体建构活动。

（2）在日常生活中能观察身边各类事物的外形特征，感受不同事物的风格与造型，运用多种技能搭建体现事物基本（典型）特征的作品。能根据材料，大胆地进行想象和创作，搭建出五至七种不同形状的马路、门、围墙、楼房等作品。

（3）进行主题性建构时，能根据一定的主题，有目的地进行建构，并能根据需要创造性地使用各种辅助材料。

（4）在游戏中有初步的分工、合作能力，能与同伴进行协商，讨论和交流搭建的内容、方法和具体的分工，通过合作进行作品的搭建，主要搭建者能主动介绍整个主题作品，并对作品有一定的自评和他评能力。

（5）活动结束后，能主动进行剩余材料的分类与整理。

（三）第三阶段：理论学习

1.级部学习

教师在级部组长带领下，进行本级部幼儿结构游戏技能发展目标相关理论知识学习。

2.集体培训

全园开展理论知识培训。

培训一：运用课件开展各年龄段幼儿结构游戏技能发展目标学习与培训。

培训二：对教师开展结构游戏中指导、评价策略培训。教师的指导应既让幼儿学习结构游戏的技能，又要保证幼儿的主动性、积极性、创造性，还要注重对幼儿的习惯的培养。对结构游戏的指导教师应从以下几方面入手。

（1）教师指导幼儿在自主探索中掌握结构游戏的基本技能。

对新添的游戏材料可在幼儿探索的基础上让幼儿认识其名称、颜色、形状、用途，教师为幼儿讲解、示范新添材料的围合、加高、整体连接、端点连接、交叉连接等技巧。

教师可以根据每个年龄段幼儿的特点,利用示范、讲解等方法,帮助他们掌握结构游戏的基本技能。

（2）教师通过有目的地观察，丰富幼儿对周围生活的感性认识。

教师要引导幼儿多观察日常生活中各种不同物体的形状、颜色、结构，使他们头脑中储存丰富的具体印象，并在游戏过程中依靠这种印象来进行思维创造。

3.小结

通过级部学习、集体培训，教师对各年龄段幼儿结构游戏技能的发展目标更加明确，了解幼儿所要掌握的搭建技能、方法及如何指导、评价；在掌握、了解幼儿发展目标、指导策略基础上，搭建游戏研究进入模拟实践阶段。

（四）第四阶段：模拟实践

我园开展"四种单一作品的搭建方法"技能培训，将理论融入实践。搭建区作品整体可以分为四种，即马路、围墙、门和楼房，通过布局，将四种建筑有效、合理地分布，可以达到不同的效果。

1.马路的搭建方法

（1）各年龄段幼儿技能发展目标如下。

单一作品名称	小班幼儿技能发展目标	中班幼儿技能发展目标	大班幼儿技能发展目标
马路	平铺、连接拐弯（直角、半圆）	出现架高技能，搭建上坡、下坡（入口、出口）、十字环形路，并且掌握两层、三层的穿插技能，也就是搭建高架桥	搭建三至四层高架桥、有双道的路和环形高架桥

（2）模拟实践方法——层层递进法。按班级分两名教师一组，先运用小班幼儿技能搭建出马路，并进行经验分享、交流；在此基础上，运用中班、大班幼儿马路搭建技能，通过逐渐增加材料，分别搭建出中班、大班马路作品，并进行分享，总结

平铺马路

不同的搭建方法。

2. 门的搭建方法

（1）各年龄段幼儿技能发展目标如下。

单一作品名称	小班幼儿技能发展目标	中班幼儿技能发展目标	大班幼儿技能发展目标
门	搭建单一一层的门，有两个立柱、一个横板、简单的对称装饰	搭建两层门，下面门大、上面门小，装饰要有规律、对称	在多层门的基础上，体现立柱的立体感

（2）模拟实践方法——同物异构法。以小班搭建为例：每组教师获得相同的积木（大小、数量、形状均相同），根据小班幼儿技能发展目标，每组教师运用积木进行搭建，然后分享、交流；再通过三至四次变换积木的位置，搭建出另外一种门。通过积木变化位置，搭建出不同形状的门，丰富教师的空间想象力，提升教师自身搭建水平。

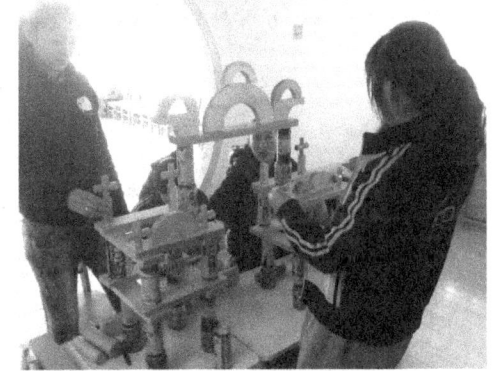

搭建不同的门

3. 围墙的搭建方法

（1）各年龄段幼儿技能发展目标如下。

单一作品名称	小班幼儿技能发展目标	中班幼儿技能发展目标	大班幼儿技能发展目标
围墙	单一图形的连接、排序	搭建的围墙有层次感，体现架高技能，并能有序地排列装饰	在中班基础上能向外、向内扩展进行搭建、装饰

（2）模拟实践方法——同构异龄法。每组教师根据小班幼儿技能发展目标，搭建出一个围墙，进行分享、交流；在小班围墙基础上，通过增添积木，运用中班幼儿搭建技能，搭建中班围墙；再在中班围墙基础上，增添积木变成大班围墙。让教师纵向感受小班、中班、大班幼儿搭建围墙的不同方法，了解各年龄段幼儿技能发展目标。

搭建围墙

4. 楼房的搭建方法

（1）各年龄段幼儿技能发展目标如下。

单一作品名称	小班幼儿技能发展目标	中班幼儿技能发展目标	大班幼儿技能发展目标
楼房	简单的垒高技能，体现图形的变化（正方形、长方形、三角形等）	能体现楼体的纵向变化，如倒T形、金字塔形、圆形	在中班基础上，出现井字形、工字形、陀螺形等形状楼房

（2）实践方法——主题分工搭建、组合搭建法。教师集体学习楼房的搭建方法，了解多种形式，教师按照班级分成小班、中班、大班三个级部，进行主题分工搭建，最后进行组合，完成主题作品。

三、结果与反思

本文结合幼儿园结构游戏开展现状及多年的宝贵经验，从发展目标、单一作品、教师如何有效指导幼儿等方面进行了细致的分析。教师认真学习，用心思考，进一步理解了各年龄段幼儿在结构游戏中的发展规律，深刻地认识到结构游戏对幼儿来说有趣、有意义、有价值，值得教师潜心研究，大胆实践。

搭建楼房

在没有培训之前，结构游戏对部分教师来说一直是比较陌生的，一是自身对于结构游戏就比较陌生，二是对结构游戏不知道该如何进行指导和评价。即便有搭建活动，也只是让幼儿随意地玩弄，目的性并不强，教师急于指导，结果幼儿自主探索的机会悄然流失，幼儿顺着教师的思路进行活动，使活动丧失了应有的价值。培训后，教师更加意识到结构游戏的重要性、搭建过程中教师指导的重要性。

理论重要，实践更重要。我们通过教师主动探索研究、成果分享和展示等一系列活动，进一步推动教师专业化成长，让幼儿在结构游戏中获得快乐与成长。

观察与发现三联看

胶州市实验幼儿园 / 韩晓静

一、一看：结构区游戏观察记录

1. 背景介绍

本幼儿园某班级进行区域活动时，老师们都在参观每个区域小朋友如何游戏，结构区中幼儿搭建的"胶东国际机场"那庞大的五角星形状深深地吸引了我，于是我拍下了有趣的故事。

2. 观察时间

观察时间是本园某班级区域活动时。

3. 观察地点

观察地点是结构区。

4. 观察对象

观察对象是大蓝、小蓝（化名）等四名幼儿。

5. 观察实录

结构区中一共有四名幼儿在进行搭建，"胶东国际机场"的大轮廓基本搭建完整，小蓝作为总建筑师在搭建"候机厅"，其余三名幼儿也各有自己的任务。

小蓝先拿起一块纸壳板，摆在圆柱上，没有立稳，他调整了一下圆柱的位置，纸壳板平稳地搭上了。他在纸壳板上的角上又放了四个圆柱，拿来一块能中间对折的纸壳板，还想搭出一层，可是这块纸壳板中间有折痕，放在圆柱上就陷下去了，他尝试了三次，都是如此，就放弃了。

然后他就去找老师，说："老师，那块板搭不住，因为它老是弯。"

老师问："你试过吗？"

他说："试过。"

老师建议他再试一下。他重新拿了一块平整的纸壳板，搭在圆柱上，终于成功。然后他拿起半圆形积木，开始搭建另一个"候机厅"。他让同伴帮他拿大量的圆柱，

幼儿搭建"机场"

同伴没有听。后来大蓝抱了一堆圆柱，要一起搭建。小蓝搭建圆柱形"候机厅"，搭到第三层，小蓝对大蓝说："再找点圆柱。""别笑了，帮我找圆柱。"在小蓝准备找圆柱的时候，大蓝走过来放了一个圆柱，瞬间这个三层的"候机厅"倒塌了。小蓝并没有生气，与大蓝一起重新搭建，搭到第三层，在他放第二个圆柱时，"候机厅"又塌了一层，他们没有气馁，直接拿起倒下的圆柱，重新搭建。最后在将近半小时的搭建活动中，他们搭成了两个不同的"候机厅"，还加了"围栏"。

6.分析

幼儿在整个结构区游戏中各司其职，能够很好地完成自己的任务。当"候机厅"倒塌的时候，他们没有相互埋怨，没有出现负面情绪，能够坚持重新再来，积极主动地重新搭建，他们的游戏品质非常好。

对幼儿的表现分析如下。

（1）小蓝的性格分析。开始，他搭建"候机厅"第二层时，由于纸板的中间有折痕，容易弯曲，没有搭成；但是再次尝试后终于成功。在"候机厅"两次倒塌后，他却没有抱怨，依然能坚持搭建，看来小蓝是一个开朗、做事情有坚持的意志、能够包容伙伴的男生。

（2）幼儿的搭建过程分析。开始幼儿的分工是明确的，但是整个搭建过程中，幼儿是自由的，没有很快完成自己的小任务，而且过程也不是很顺利，但是他们在一次次的重新搭建过程中找到方向，最后把问题都一一解决了，我认为搭建的过程对孩子成长是有益的。

7.教育启发

结构游戏的过程就是幼儿动手动脑，创造性地、自由地再现物体的过程。一个成功的结构游戏，不仅需要幼儿有极强的搭建计划，还需要幼儿勇于克服在游戏中遇到的各种困难，善于和同伴协商、相互配合。作为教师，我们应该给幼儿提供自由、互助的建构环境，丰富多彩的结构材料，适当地介入游戏，在幼儿需要时提供帮助，其余时间我们只需静静观察即可。

二、二看：我们的毕加索乐园

幼儿喜欢玩水，因此，水池一直是幼儿非常喜欢的户外游戏场所。一到玩水的季节，他们就压水井，玩水枪，抓小鱼，踩水花，玩得不亦乐乎。可是到了寒冷季节他们只能眼巴巴地看着水池，不能玩。

一次，我们带领幼儿户外散步的时候，阵阵菊香飘过来，他们赞叹道，"哇，真香啊！""好漂亮的菊花啊！"我们顺着赞叹的声音看去，花池中央位置的菊花开得正美，红的似火，黄的似金，绿的似玉，粉的似霞，冷清的水池区花团锦簇。看到幼儿这么喜欢菊花，我们顺应幼儿的天性，放手让他们仔细观察。他们提议要画菊花，怎样能既欣赏菊花，又能很快地画出美丽的菊花？他们建议在水池边绘画。就

幼儿玩水

园内水池区

幼儿在毕加索乐园写生

这样，我们把原本室内的菊花写生搬到了户外，幼儿在这里拿起小画板，选择自己喜欢的方式，坐在轮胎上、趴在围栏边绘画，水池区变成了天然的创作基地。《3—6岁儿童学习与发展指南》指出，每个幼儿心里都有一颗美的种子，我们要和幼儿一起感受、发现和欣赏自然环境中美的事物，让他们多接触大自然，欣赏美丽的景色。想到这些，我们分析了水池区的特点：秋冬季节的水池区虽然不适合幼儿玩水，但是这里景色优美。孩子们又喜欢绘画，我们可以把水池区建设为幼儿艺术创作的区域。有了想法就要付诸行动，园领导大力支持我们的工作，我们的水池区有了更加艺术的名字——毕加索乐园。

毕加索乐园是整个幼儿园户外游戏区域的中心，各区域的美景尽收眼底，是绘画的绝佳位置。可是问题也来了，哪些材料适合绘画？怎样画？这么大的场地该怎样充分利用，从而发挥它独特的艺术气息？这都成为我们和幼儿讨论的问题。

1. 就地取材

鹅卵石铺满整个水池，正是天然的材料。幼儿在这里专心创作，涂色、绘画，

游戏，点亮童年

水池的边边角角都成为幼儿创作的天地（一）

水池的边边角角都成为幼儿创作的天地（二）

用他们自己的想法装扮鹅卵石，一颗颗鹅卵石也在幼儿的小画笔中变得不平凡起来，好像每一颗都有独特的故事。

水池的墙裙、轮胎、花盆、种植区墙边这些看似不起眼的地方也都变成了幼儿创作的天地。他们专注地创作的样子，是最美的画面。

水池的边边角角都是幼儿绘画的天然画板，他们就地取材，在欣赏和发现自然美的同时，用小画笔很好地表达内心的感受。

2.创意搭配

压水井外围着废旧的亚克力板，二者完美地配合，给幼儿开辟绘画的新天地。他们在透明的亚克力板上巧手涂鸦，压水井变得立体、有层次。

幼儿在亚克力板上绘画（一）

游戏，点亮童年

幼儿在亚克力板上绘画（二）

幼儿在毕加索乐园进行艺术创作（一）

观察发现篇

幼儿在毕加索乐园进行艺术创作（二）

幼儿搭配的艺术品

蓝色的水池是天然的地中海,在这里,创意的火花碰撞出独特的艺术:修长的树枝,奔放的牛仔裤,各式各样的瓶瓶罐罐、砖瓦、梯子等随意搭配出组合艺术品。

《3—6岁儿童学习与发展指南》指出,创造机会和条件,支持幼儿自发的艺术表现和创造,提供丰富的便于幼儿取放的材料、工具或物品,支持幼儿进行自主绘画等艺术活动。这些平日里不起眼的物品和废旧材料,通过幼儿的小手,与环境融合,完美地散发出艺术气息,我们对幼儿独特的艺术表达表示赞叹。

在毕加索乐园,幼儿可以充分发挥艺术才能,享受创作的乐趣。我们创造机会和条件,支持他们的艺术创造。

3.户外"野炊"

在毕加索乐园,除了艺术作品,游戏也变得丰富起来。幼儿用砖头、竹竿搭起"烧烤架",用食堂弃置的盒装起了地瓜、土豆、芋头、柿子等自然材料,在小木屋里铺上了地垫,在池塘边架起了小锅,支起简易的小帐篷……在这里,幼儿玩起了

幼儿玩"过家家"(一)

观察发现篇

幼儿玩"过家家"（二）

"过家家"，沙子是调料，小树叶变成菜品……幼儿开心地"野炊"，游戏充满他们的想象力、创造力。

在这里，我们相信孩子拥有天生的艺术才华，鼓励他们大胆绘出内心的想法。在这里，老师无须指导，只需静静观察，静静感受孩子内心的表达。在这里，每一位孩子都是艺术家！

三、三看：游戏观察记录

1.背景介绍

幼儿园给幼儿投放了很多大油桶，大油桶的玩法不局限于滚动，教师希望通过观察了解在没有老师的介入下幼儿会探索出怎样的玩法。

2.观察时间

教师观察时间是早晨户外活动时。

3. 观察地点

观察地点是操场。

4. 观察对象

观察对象是三名幼儿乐乐、涵涵、霖霖。

5. 投放材料

教师投放的材料是大油桶。

6. 观察记录

早晨，幼儿一如既往来到操场，选择想玩的材料。没多久，涵涵和乐乐来了。他们发现操场边多了几个大油桶，乐乐跑过去，用手推了推，大油桶没动，又用脚踢了几下，"啊"地叫了一声，他摸摸头不知道要怎样玩。

乐乐："这些大桶干吗用啊？"

涵涵："不知道，咱们问问老师吧。"

乐乐一把拉住涵涵说道："咱们把它推倒吧，看它能不能滚。"涵涵一听，和乐乐一起用劲推倒了大油桶，大油桶向前滚开了，两个人赶紧跑到大油桶前面用脚挡住。"好玩，好玩。"乐乐边拍手边蹦着说，涵涵也拍着手大笑起来。然后他们又把大油桶推回来，一起跨坐在大油桶上，身体左右晃动，身体的晃动带动大油桶也左右晃起来，两人继续玩着。

远处的霖霖看到后，也找了一个大油桶，并把它推倒在地。大油桶往前滚了几下，他上前爬了几下没爬上去，在寻求老师的帮助后，站到大油桶上。大油桶左右晃得很厉害，霖霖的腿也有点弯了，霖霖的两只手紧紧地抓住老师的手和衣服。

旁边的乐乐和涵涵看到霖霖的动作后，也开始模仿。只见乐乐拉着涵涵的手，想站在大油桶上，可是大油桶前后晃得厉害，乐乐很快就掉下来。他又爬了几次，总是站不住，掉了下来，趁老师不注意，乐乐自己跑了。涵涵和霖霖没有放弃，继续尝试站在大油桶上，没多久他俩掌握了方法，都能站在大油桶上不动，两人相视一笑。这时乐乐从远处跑回来了，也想玩，可是涵涵还没玩够，乐乐就有点不高兴了。

霖霖平衡能力不错，他竟然能稳稳地站在大油桶上，偶尔还能用脚踩着大油桶前后动几下。乐乐看到以后，也试图模仿，可是总是掉下来。站在一边的我确实需要介入了，我走过去，提示他站在大油桶上的方法，就是要保持自己身体的平衡，并根据身体感觉做出微调，让自己能站在大油桶上。

乐乐慢慢掌握窍门，竟然也能站在大油桶上了，他非常高兴。

7. 分析

《3—6岁儿童学习与发展指南》提出幼儿园应多为幼儿提供需要大家齐心协力才能完成的动作，让幼儿在具体活动中体会合作的重要性。对于中班的幼儿来说站在侧倒的油桶上面走动是一件很困难的事情，幼儿需要掌握平衡能力，同时还需要足够的勇气和耐力，所以两三个孩子互相合作是最好的办法，有扶住油桶的，有帮助同伴的，这样可以增强幼儿之间的互帮互助和合作意识。

乐乐很喜欢琢磨、钻研，当他发现大油桶时，并没有找老师，而是自己先探索玩法。当涵涵想问老师时，乐乐是一把拉住他的，说明乐乐有探索新事物的能力，但是他的耐心有限，所以在探索站到油桶上的办法总是失败时，他选择了放弃。虽然乐乐的耐心不够，但是，他也一直在观察涵涵和霖霖的动作，我认为这种放弃也算是阶段性的休息和情绪的自我调控，当他观察到霖霖的动作要领以后，最终他还是选择再次挑战，直到成功。在这个探索、放弃、再挑战的过程中，乐乐实际上战胜了自我，在自主游戏的过程中，他真正成了游戏的小主人，最终体验成功带来的快乐。涵涵和霖霖始终坚持没有放弃，并且通过老师和同伴的帮助不断进步。

8.教育措施

幼儿园方面：对像乐乐这样的孩子，老师可以给他充裕的时间去观察和探索。这样的孩子可能不需要老师的指导，在他可能放弃的时候，老师也要沉住气，在关键时刻或者他需要帮助的时候，只是用动作或者简单的语言就可以帮到他了。

家长方面：老师将孩子在幼儿园发生的事情反映给家长，与家长沟通，了解孩子在家做事情的行为习惯，如果遇到困难，孩子是怎样解决的。家长可以根据孩子的行为，给予正确的指导方法，鼓励孩子做事情有探索的精神和坚持到底的习惯。其实，家长才是孩子的第一任老师，更是孩子模仿的对象，所以面对孩子时，家长要做出表率。

课程建设篇

将"游戏精神"融入课程建设中
——构建幼儿园"葆真养正"课程体系的研究

青岛市城阳区顺德居幼儿园 / 傅文选

"葆真养正"课程是以"葆真养正"教育理念为思想基础,致力于实现幼儿全面个性发展之教育需求的课程,是基于"缘而葆真,蒙以养正"的园本文化建设,并从中发生、发展的园本课程。"葆真养正"课程是在"让幼儿在快乐中健康成长,在游戏中自主发展"的办园理念下,力求构建"幼儿为本、游戏为基、自主为要、发展为旨"的一套规范化、特色化和常态化的教育课程体系。

一、研究的问题

(一)问题的提出

课程建设是幼儿园教育质量提升的核心,更是一项富有研究性、建设性的工作,无论是课程内容的选择、课程的实施,还是环境的创设,都要紧紧围绕"以儿童发展为本"。我园作为新建园所,构建、组织、形成具有园本特色的课程非常重要,也是幼儿园健康、持续发展的基本路径。

建园初始,我们借鉴了《幼儿园渗透式领域课程》《幼儿园建构式课程》《幼儿园快乐与发展课程》《幼儿园生命·实践·智慧课程》以及山东省和青岛市幼儿园课程指导用书等。在反复的实践、反思过程中,我们遇到了以下问题。

(1)"拿来"的各种精品课程虽好,却未突出自己的园本特色。主题式、建构式、整合式、渗透式、探究式等,对教师来说,虽是很好的借鉴,但也让人眼花缭乱、无所适从,导致"园本特色""班本特色"不清晰。

(2)在课程建设的过程中,幼儿各领域发展目标的递进性不够科学、明晰。一些幼儿发展领域目标缺失,同样的教育内容在小班和中班课程都出现,或者下学期的内容却出现在上学期。

(3)教师队伍年轻化,许多课程质量不高,停留在简单的"说说、做做、教教"层面。虽然年轻的老师充满活力,富有热情,但教育经验不足,因为"怕孩子乱"

而不敢放手，导致高结构、高控制的活动远远大于低结构、自由、自选活动，教育价值也大打折扣。在活动区材料的投放上，也停留在"追求丰富多样"层面，往往忽略了所投材料的低结构性和价值取向，致使幼儿很少达到"深度学习"。

针对上述问题，我们确定了自己的研究内容——构建幼儿园"葆真养正"教育课程的实践研究。

（二）研究的目的和意义

1.研究目的

（1）构建幼儿园"葆真养正"教育课程体系，精心创设育人无痕的校园环境，凸显"葆真""养正"元素的园本文化。启迪幼儿心智，培养良好品德，促进幼儿健康、全面地发展。

（2）通过实践研究，形成一支高素质的师资队伍，培养自主、自立、自信的幼儿。

（3）创办有特色的幼儿教育品牌。通过课程研究，使幼儿园获得科学发展内驱力。

2.课题研究的实践意义与理论价值

本文是建立在心理学和教育学的理论基础上，对幼儿园"葆真养正"教育课程的组织、构建进行的实践研究。由于目前相关的理论研究不多，本文可以丰富国内外幼儿园"葆真养正"教育课程的理论成果和实践经验。

本文分析、总结幼儿园"葆真养正"教育课程的基本结构、内容设置和实施方式，使"葆真养正"升华为一种文化，促进教师与幼儿的成长；使顺德居幼儿园成为一所还原幼儿本真生活，自然的、朴素的、深植于中国文化土壤的幼儿园。

（三）研究假设

（1）"葆真养正"课程体系的构建，能够实现每个幼儿充分"葆真养正"，形成一套分类的课程体系，包括面向全体幼儿的基础类课程、面向部分幼儿的拓展类课程、面向个体的探索研究类课程和兴趣特长类课程。

（2）通过课题研究，逐步形成一个有机的、完整的课程系统，使课程之间能够相互补充、相互影响和相互渗透。使跟课程相关的每一个人，包括所有教师、保教人员、后勤管理人员，一起参与到课程中，理解课程的核心意义，深入思考如何才能把课程真正落到实处。

（四）核心概念

（1）"葆真养正"，葆真，是指保持纯真的本性；养正，是指引导幼儿走正道。我们所倡导的"葆真养正"是让幼儿保持天真烂漫的天性，回归本心本性，从小培养幼儿良好的生活习惯和品行，让幼儿在快乐中健康成长，在游戏中自主发展成为"健康、积极、守律、乐学"的阳光儿童。

（2）课程体系是指在一定的教育价值理念指导下，将课程的各个构成要素加以排列组合，使各个课程要素在动态过程中统一指向课程体系目标的系统。课程体系是实现培养目标的载体，是保障和提高教育质量的关键。

二、研究背景和文献综述

（一）国外研究现状

通过查阅文献资料，我们发现国外虽没有关于"葆真养正"课程的研究，但诸多教育专家、学者所倡导的幼教理论和课程体系与"葆真养正"课程的理念有许多共同点。

教育家卢梭的自然教育理论强调教育必须顺应儿童天性发展的自然历程，即遵循儿童身心发展的特点，同时还要尊重儿童的个性特点，这与"葆真"不谋而合。卢梭将教育理解为"自然的教育""人的教育"和"事物的教育"。他把教育视为自然生长的观点，开辟了现代教育理论的先河。他的观点，为我们研究"葆真"教育坚定了信念。

教育家苏霍姆林斯基提出的全面和谐发展理论，认为学校的主要任务是培养全面和谐发展的人，将德育定位于主导地位，其主要内容和任务是必须从幼年就培养孩子基本的道德品质，形成良好的道德习惯。这一观点为"养正"提供了理论支持。我们应该从小培养幼儿爱祖国、爱人民，让他们学会同情人、关心人、尊重人，考虑和照顾他人的需求，更应该将实现中华民族伟大复兴的中国梦，根植于幼儿心中。

（二）国内研究现状

《周易·蒙卦第四》中讲道："蒙以养正，圣功也。"启蒙是为了培养纯正、无邪的品质。人在童蒙时期，一片天真，未染恶习气，由有德的老师来启蒙、培养，有利于其成为德才兼备之人。

古代"童蒙养正"教材中，《弟子规》影响巨大。该书具体阐述了弟子在家、出外、待人、接物与学习上应该恪守的守则规范。

如今，在各地中小学中不乏对"蒙以养正"的教育研究，但是在幼儿园中该方面的相关研究还较少。目前国内只有我国公共幼儿教育的先驱——陈嘉庚先生于1919年委托其胞弟创办的集美幼儿园，实施"葆真养正"的办学理念。陈嘉庚先生倡导为幼儿创设宽松、愉快的学习环境和氛围，培养幼儿良好的习惯和品行。幼儿是天真无邪的，幼儿教育就该保持他们的纯真，培养其良好的品德、行为习惯，以达到"正"。当年陈嘉庚先生的这些理念，符合我们公共幼儿教育的需要，是极为先进的。我们认为，现在这些教育理念仍然是幼教工作的良好指南，需要我们根据时代的进步和实际发展需要，加以继承、发扬。

虞永平教授提出的课程游戏化理念，把课程游戏化看成一个质量工程，其最核心的目的是让幼儿园课程更加贴近幼儿的实际发展水平，贴近幼儿的学习特点，贴近幼儿的生活、兴趣与需要。

三、研究设计

（一）研究进程

本课题历时三年，分为三个阶段进行。

1.第一阶段：建构与实施不同年龄班"葆真养正"教育课程方案（2016年9月—2017年8月）

（1）总结、补充、完善"葆真养正"教育课程文化理念。

（2）构建"葆真养正"教育课程的目标、内容、活动及评价方法，培训教师，开设"葆真养正"教育课程。

（3）总结、反思教师在实施"葆真养正"教育课程中遇到的课题。

2.第二阶段：充实、验证、完善第一阶段"葆真养正"教育课程方案，总结阶段性研究成果（2017年8月—2018年9月）

（1）组织骨干教师和课题小组成员进一步修改、完善"葆真养正"教育课程方案。

（2）开展"葆真养正"教育课程成果展，阶段性地总结研究成果。

（3）整理优秀课程案例、课程资源手册与图书、幼儿活动影像资料、幼儿作品等。

3.第三阶段：成果整理出版（2018年9月—2019年8月）

（1）全面总结经验和成果；撰写课题研究报告；完善"葆真养正"教育课程方案。

（2）出版《幼儿园"葆真养正"教育课程》《"葆真养正"教育课程案例集》；整理"葆真养正"教育课程教师的反思论文；以影像加文字评价的形式整理幼儿"葆真养正"教育课程的学习过程。

（二）研究内容

1. 对幼儿在"葆真养正"教育课程中学习过程的研究

（1）对不同年龄幼儿在"葆真养正"教育课程中的学习特点和方法的研究。

（2）针对不同年龄幼儿的活动设计与实施的研究。

2. 教师关于"葆真养正"教育课程开发与利用的研究

（1）课程理念和实施策略的研究。

（2）教师反思与实践能力的研究。

3. "葆真养正"教育课程资源开发与利用的研究

（1）幼儿园周边自然资源与家长资源的挖掘与利用的研究。

（2）"葆真养正"教育课程中社会文化资源的挖掘与利用研究。

（三）研究方法

1. 文献法

查阅国内外优秀的园本课程实践与研究文献，为构建"葆真养正"教育课程提供前沿信息和有效支持。

2. 自然观察法

教师在不同情境中观察、了解不同年龄幼儿在"葆真养正"教育课程实施中的探究兴趣和行为表现，为"葆真养正"教育课程实施提供有效的支持和帮助。

3. 访谈法

通过对家长和幼儿的访谈，了解幼儿的兴趣指向及家教指导策略；在对教师的访谈中反思活动目标的适宜性、活动开展的有效性，为有效开展研究奠定良好的基础，并进一步拓展可利用的资源。

4. 行动研究法

通过实践、反思、改进、提升、再实践、再反思、再改进、再提升的循环研究过程，丰富、修改、完善"葆真养正"教育课程方案；借助影像回顾、集体教研、教育笔记、撰写观察记录等方式，帮助教师解决问题、提高水平。

（四）技术路线

1. 研究的总体思路

本园结合研究条件和自身研究优势，首先确定了"构建幼儿园'葆真养正'课程体系的研究"这一课题。查阅大量相关文献，了解国内外研究现状，奠定课题研究的理论基础。其次，选取《幼儿园渗透式领域课程》《幼儿园快乐与发展课程》

《生命·实践·智慧课程》等图书参考,分析其优秀课程,从理念、体制机制、路径、模式及策略等方面进行比较研究,总结其经验,得出一些对我们有益的启示。然后,运用访谈法、文献资料法、自然观察法、行动研究法研究课程体系构建过程中存在的问题和解决策略。最后,提出本园课程体系构建的科学构想。

2.技术路线图

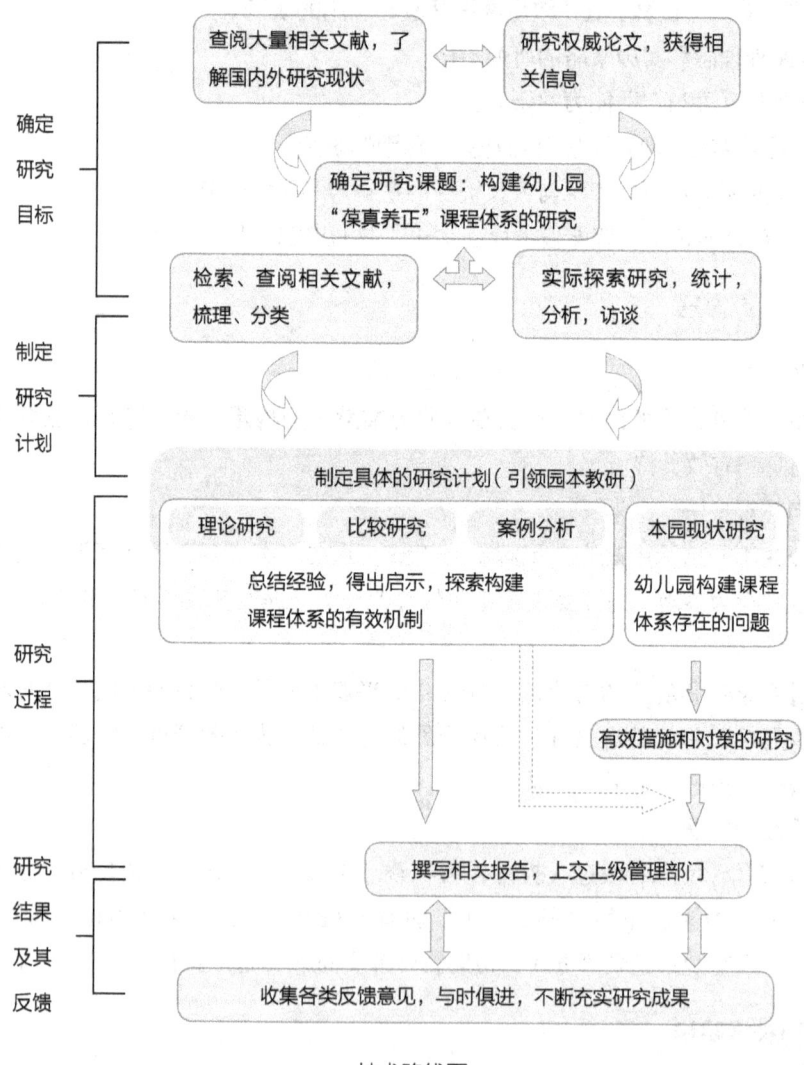

技术路线图

四、研究发现

在课程构建的过程中,我们摒弃了照本宣科的呆板做法,去除了"想当然"的随意性行为，最终通过文化与教育、游戏与教学相结合的科学方式，使课程呈现出一种生动、平衡的教育美感，整体上符合"结构合理、内容精当、形式多元"三大特点。

（一）课程的构成

"葆真养正"课程目前包括显性课程和隐性课程两大类，具体内容则包含基础课程、自主游戏课程、特色主题课程、弹性生成课程以及环境课程等五大板块，课程内容分别指向了"葆真养正"教育不同的发展方向。

1.基础课程

基础课程是指为达成教育目标，为幼儿可持续学习和发展提供基础认知，培养幼儿基本能力与素质而设计的课程。

我园的基础课程是"葆真养正"课程体系中最基础和最根本的部分，它包括幼儿健康、社会、语言、科学和艺术五大领域内容。它是基于对幼儿成长、发展规律的了解，在尊重幼儿自身发展特点，考虑幼儿身心发展和可持续发展需要的基础上设计的。基础课程力求促进幼儿学习经验的积累和自我建构，最终实现五大领域最基本的教育目标，从而促进幼儿身心全面健康发展。

基础课程是保证全体幼儿全面发展的基本内容载体，它体现了全体幼儿应有的发展水平，也是提高幼儿科学文化素质和综合能力素质的主渠道。

2.自主游戏课程

幼儿是有能力的学习者，幼儿只有主动地参与课程，创造力才能发挥得淋漓尽致。

自主游戏课程是幼儿依照个人的兴趣与需要、潜质与特长，自主选择学习内容，自主决定学习进程、方式，最后自我评价，以小步递进的方式实现自我建构的个性课程。

我园的自主游戏课程包括全园情境性户外活动、活动区活动两大板块。在全园情境性户外活动中，我们主要关注健康游戏的核心价值，倡导"全园参与、有汗有趣、安全有序"；在各类活动区活动中，我们注重游戏的核心意义，鼓励幼儿"动脑动手动心思，交换交流交朋友"。

自主游戏课程因为强调自主，强调在"葆真养正"的课程实施中让幼儿成为课程的主人，所以深受幼儿喜爱。

同时，自主游戏课程生动地创造了幼儿向往和期待的校园生活，激活了其创造力，使每一个幼儿按照自己发展的规律，自主、自在地生活、学习和成长，为其发展奠定良好基础。

3.特色主题课程

我园开展"德润童心"特色主题课程，目标是培养好德行、品格，培养美好小公民。特色主题课程还力求回归教育本真，关注幼儿成长，融入社会主义核心价值观。

我园每月围绕特色主题展开系列活动。特色主题活动内容广泛，不但拓宽了幼儿及教师视野，而且为培养有爱心和人格魅力的小公民打下坚实基础。

4.弹性生成课程

我园的弹性生成课程是在师幼互动过程中，通过教师对幼儿的需求和其感兴趣的主题进行价值判断，幼儿在教师的帮助和引导下与环境、材料相互作用，或多种活动方式不断生成主题网络，从而使幼儿在知识技能等方面全面发展的动态活动过程。

在弹性生成课程中，我们对幼儿细致地观察，从他们的反应中敏感地捕捉到巨大的教学价值，从而生成幼儿切实需要的教育活动。该课程体现了"葆真养正"课程的教育智慧，是构成"葆真养正"课程体系不可或缺的重要部分。如"我是环保小达人""幼儿园的树朋友""快乐小鱼游呀游""快乐端午""柿子熟了"，都是在课程研究和实施的过程中教师和幼儿共同生成的课程。

5.环境课程

《幼儿园教育指导纲要(试行)》指出："环境是重要的教育资源，应通过环境的创设和利用，有效地促进幼儿的发展。""葆真养正"课程体系中不可或缺的重要组成部分还包括环境课程。环境课程是指幼儿在园中生活与学习的一切自然资源、物质资源和空间资源等教育元素的总和。

我园的环境课程是"葆真养正"课程中重要的隐性课程，以"趣、雅、序"为理念，追求"教育无痕"的科学育人方式，努力让理念说话，让文化"唱歌"，使全园总体成为一个充满教育意义，且全面"葆真养正"的系统。

（二）课程的实施

1.集中与分组相结合

幼儿园课程实施要符合幼儿身心发展的特点和规律。因此"葆真养正"课程根据具体内容，基于不同幼儿的年龄和个性发展，采取了集中与分组相结合的方式实施，以保证幼儿全面发展。在基础课程中，根据教育内容的核心价值及班级幼儿实际情况，采取集中与分组相结合的方式。例如，在自主游戏课程中，分区域的情境性户外游戏活动则通过多内容、多维度、多形式的课程实施方式，满足幼儿不同水平的自主发展。

2.混龄活动与单个班活动相结合

自主游戏课程是为幼儿主动学习而建构的，考虑到幼儿的切实需要和个性发展，我园最终采取了分层实施的方式，例如，全园情境性户外活动(全园共享式、班级共享式)、活动区活动(班级共享式)、特色主题活动(大班带小班、中班带小班、平行班)，都实行了混龄活动与单个班活动相结合的方式。教师则通过研究、培训形成合力，提升每一个游戏的质量。另外，我们努力保障督导效能，确保游戏价值，从而达到"顺应儿童天性，遇见别样精彩"的效果。

3.生活教育与家园共育相结合

无论是基础课程、自主游戏课程、特色主题课程，还是环境课程，都注重家园共育和生活渗透，以实现最大的教育合力。以特色主题课程为例，我园特色主题课程是以生活教育和家园共育为主，与文化的传承和发扬紧密对接，最后在日常生活中完成。其实施途径主要采取"五维"的形式：一是一日生活涵养，培养幼儿良好的德行、品格；二是集中教育点睛，即促进各年龄段幼儿达成不同层次的目标；三是"三走进"浸润，即"走进大自然，走进社会，走进社区"，通过融合自然及社会的多方资源，培养幼儿的社会适应能力；四是家园协同共育，即发挥教育合力；五是大型活动传递，即以活动提升教育价值。家长们在深度体验中都感慨地说："这样的活动，带给我们家长和孩子完整的人格教育。"

4.显性课程与隐性课程相结合

课程既存在于一个个显性的教育教学活动中，又时时处处体现在环境中。我们认为环境课程既是幼儿园课程中的隐性课程，又因为无时无刻不存在于幼儿园教育中而是所有显性课程的物质基础。在环境课程的设定中，我们努力使环境创设的目标与幼儿园教育目标一致，环境课程与幼儿身心发展的特点相适宜。

（三）课程的组织管理

课程管理发展历程中，我们实现了从"目标管理"到"愿景引领"，从"个人管理"到"人人管理"的转变。

1.从"目标管理"到"愿景引领"

我们一直以来进行的目标管理更具有任务性和目标性，然而让所有人员为幼儿园愿景而努力才是管理的追求。我们让每位教职工理解办园理念、发展愿景，使每一个顺德人都能够凝聚"葆真养正"教育情怀的力量。

在愿景引领下的课程管理过程中，我们鼓励全园教职工积极参与课程管理，并以"管理者""教育者"和"领导者"等多种角色推动课程建构与优化。以管理者角色整合教育资源；以教育者角色感受教育过程，总结教育经验；以领导者角色检验课程改革效果，推进新一轮的课程改革进程。

2.从"个人管理"到"人人管理"

充分调动课程实施者的积极性，使之全部参与管理，并各司其职，可以确保与提升课程质量。年轻人有想法、有干劲、有活力，青年教师是我园课程实施的主力军，选拔与培养一批德才兼备的青年教师参与课程管理尤为重要，可以更好地提升我园课程领导力。

在管理文化中，我们以"赋能管理"为理念，重视用理念引领人，用文化影响人，对树立教职工"以示范为己任"的责任意识、大局意识和奉献意识常抓不懈。第一，"心系班事、园事和幼教事"，增强向心力与执行力。第二，树立"人人都是管理者"理念，以愿景与事业激励教师积极为幼儿园建设出谋划策，贡献出自己的力量。

在这种管理思想的影响下，我们给予教师更多的机会，在课程管理中培养优秀的人才，激励每个教师有所作为。我园开展园本课程教研，以"一课多研""一师一优课""名师课堂"等活动为载体，给教师提供和全国专家、名师"网络面对面""一对一"的机会，开展网络观摩、现场互动教研、模仿课等一系列活动，促进教师教育教学水平的提高。

此外，我园成立了由青岛名师、青岛教学能手和城阳名师、城阳教学能手为成员的"草根名师团"，"师徒结对"，共同成长，并在每学期的赛教活动中选出两名青年教师，由"草根名师团"结合这两位青年教师自身的教学风格和特点，为其量身打造一套"成长方案"，并进行"魔鬼式"的磨课训练，最终推出"一师一优课"，所有经历的老师都有"化茧成蝶"之感。

五、分析和讨论

在全体课题组人员的共同努力下，经过三年的实践研究，课题取得了一定的成果。

（1）幼儿的各项发育情况良好。

表1 幼儿发育状况得分情况

	总体得分	沟通能力	问题解决能力	个人-社会能力	粗大动作	精细动作
本园幼儿平均分	54.76	54.52	56.91	56.60	52.98	52.85
全区幼儿平均分	51.39	51.74	53.03	54.87	49.38	47.87
全市幼儿平均分	51.71	52.41	53.41	54.99	49.60	47.99

注：满分60分。

（2）幼儿园管理工作较好。

表2　幼儿园管理工作得分情况（园长及专任教师自评）

	行政管理	保教实施	卫生保健	园所条件
本园平均分	4.88	4.91	4.86	4.89
全区幼儿园平均分	4.79	4.82	4.84	4.74
全市幼儿园平均分	4.75	4.78	4.80	4.72

注：满分5分。

（3）家长满意度较好。

表3　家长对幼儿园管理工作的满意度评价

	行政管理	保教实施	卫生保健	园所条件
本园平均分	4.55	4.50	4.65	4.66
全区幼儿园平均分	4.24	4.25	4.34	4.34
全市幼儿园平均分	4.32	4.32	4.39	4.40

注：满分5分。

（4）教师素养提高显著。

表4　师资队伍建设得分情况

	专任教师职业素养	教师培养
本园平均分	3.87	3.80
全区幼儿园平均分	3.77	3.64
全市幼儿园平均分	3.79	3.65

注：满分4分。

本园基本构建了"葆真养正"教育课程体系，校园环境的打造能够凸显包含"葆真""养正"元素的园本文化；形成了一支素质较高的师资队伍，力求培养"健康、积极、守律、乐学"的幼儿;"葆真养正"幼儿教育特色品牌愈发成熟。

六、问题

课程评价体系科学性和普适性不够强。本园以目前的教师水平很难形成一套系统、科学、全面的课程评价体系。

本文研究有继续深入的空间,如特色主题课程的再深入、自主游戏课程的再创新、基础课程的再完备。

葆有儿童天真　玩出游戏童年
——"葆真养正"课程中情境性户外活动的探索与实践

青岛市城阳区顺德居幼儿园 / 张红杰

户外自主游戏作为户外游戏的一种，是幼儿十分喜欢的活动。《幼儿园教育指导纲要(试行)》提出："开展丰富多彩的户外游戏和体育活动，培养幼儿参加体育活动的兴趣和习惯，增强体质，提高对环境的适应能力。"《3—6岁儿童学习与发展指南》也明确指出："身体发育良好、情绪愉快、体质强健、动作协调、生活习惯良好和具有基本生活能力是幼儿身心健康的重要标志。"结合我园实施的"葆真养正课程"，我们推出了情境性户外体育活动，以"玩出快乐童年"为活动主题，凸显幼儿的主体地位，让幼儿在玩中锻炼身体，在玩中提高技能，在玩中增强体质。

一、合理划分活动区域

《3—6岁儿童学习与发展指南》指出："环境是教育的一个组成部分。要关注幼儿身心全面和谐发展。"我园教师通过前期教育指导文件的学习，达成共识，对户外场地整体布局进行科学规划，以发展幼儿某一基本动作或挖掘某一器械的玩法为主线，将户外场地划分为各具功能的平衡攀爬区、军营野战区、车手旅行区、投掷区、综合探索区、沙水区、跨跳区。各个区域对应幼儿不同的能力发展、锻炼部位，凸显层次性和多样性，满足幼儿多方面发展的需要。例如，在平衡攀爬区，教师可引导幼儿运用多功能爬网、攀爬组合、高低凳、平衡木等器械，自由拼搭组合，创设不同的活动内容，组合出难易程度不同的游戏路线，幼儿可以根据自己的能力选择不同的游戏路线；在军营野战区，幼儿根据兵种特点自由拼搭组合材料，探索一物多玩。

二、游戏材料投放合理

新颖、独特的活动器材是促使幼儿积极、主动地投入活动的重要因素。我们投放丰富、合理的户外游戏材料，提高幼儿的户外活动质量。

1.游戏材料的趣味性

在户外活动时，有趣的玩具、器械会激发幼儿活动的热情和积极性。在投放活动器械的时候，我们注重器械的艺术性、游戏性。例如，我们除了提供幼儿园购置的一些成品活动器械外，还发动家长制作了一些可供幼儿进行各种动作练习的、用废旧材料制成的玩具。如零头布缝制的沙袋、旧报纸卷的纸棒。我们通过趣味性的游戏材料，增加户外活动的趣味性，并经常变换这些材料，充分发挥它们的价值。

2.游戏材料的层次性

户外活动的最终目的是让幼儿的身体机能得到发展。幼儿年龄不同，对户外活动器械的要求也不同。我们根据不同年龄段幼儿的动作发展水平，有层次性地投放活动器械。例如，大班幼儿能掌握一些较为复杂的动作，可以为其投放一些富有挑战性的材料，让幼儿自由组合游戏，加大幼儿的动作强度；中班幼儿基本动作较为熟练，可以为其投放轮胎、管子组合、呼啦圈组合等新奇、刺激、有一定挑战性的材料；小班幼儿年龄小，运动能力较弱，喜欢富有童趣的活动器械，我们可以提供一些数量充足、便于幼儿掌握、简单的活动器械，如拱形门、拖车。

3.游戏材料的开放性

在给幼儿提供户外活动材料时，我们要考虑材料的多功能性，提供一些低结构、非结构的器械或辅助材料，让幼儿根据自己的兴趣和需要，重新组合各种器械进行游戏，为不同能力的幼儿创造不同的发展空间。

4.游戏材料自主性

所有户外游戏材料被有序地摆放在幼儿园前后院的各个角落，幼儿可以根据自己的需要随意去任何区域自主选择材料进行游戏。所有材料不分区域，不固定玩法，全由幼儿自己做主，让幼儿真正成为户外活动的主人。例如，幼儿喜欢的户外碳化积木，在前院操场区域可能是幼儿搭建"国学公园""北京鸟巢"等建筑物的最好材料；在东侧草坪区域可能摇身成为幼儿"野战兵训练营"的"堡垒""掩体"；在南侧草丛中可能又摇身成为幼儿"过家家"的"家具"。

三、创设多类型游戏情境，引发幼儿主动发展

游戏情境能把幼儿带到特定的活动环境中。在合理规划七大活动区域的基础上，我们为每个区域设置了不同的游戏情境，充分激发了幼儿的户外活动兴趣，让幼儿在玩耍中主动获得技能发展。

1.根据幼儿的社会经验创设游戏情境

《3—6岁儿童学习与发展指南》指出:"幼儿社会性是在日常生活和游戏中通过观察和模仿学习发展起来的。"所以,在日常户外活动过程中,教师会注重以幼儿已有社会经验为基础,创设不同的游戏情境。例如,在车手旅行区,教师创设微型马路情境,让幼儿在游戏中模仿大街上的驾驶员与行人,体验他们是如何遵守交通规则的。在交通繁忙的时段,由"小交警"站在岗台指挥调度。发生了"交通事故",我们的"小交警"还会第一时间跑到现场进行处理,其实是在学习疏导及帮助他人,体现了乐于助人的精神。在过"收费站"时,车辆得排队通过,适当的等待也培养了幼儿的坚持性和自觉遵守规则的意识。

2.结合课程主题创设游戏情境

在主题课程背景下,教师会结合不同的课程主题,创设不同的户外游戏情境。比如在小班主题活动"我健康,我快乐"中,我们创设了打蚜虫的游戏情境,幼儿可以灵活运用不同的球以及沙包、飞盘等器械来投掷。在"多彩的秋天"主题活动中,幼儿综合利用梯子、跨栏、绕杆等器械,运用钻、爬、跑、跳等技能玩"果园大丰收"的游戏。

3.根据幼儿活动兴趣创设游戏情境

浙江卫视的综艺节目《奔跑吧兄弟》不仅吸引成人的眼球,还极大地引发了幼儿的活动兴趣。我们以此为灵感,创设了"智勇大闯关""奔跑吧伙伴""撕名片"等游戏情境,幼儿综合运用各种自制的户外器械,自行组合,设置成难易程度不同的关卡,运用钻、爬、跳等技能依次闯关。

4.根据幼儿的发展需要创设户外游戏情境

《3—6岁儿童学习与发展指南》指出:"要激发幼儿参加活动的兴趣,培养幼儿初步的自我保护能力和机智勇敢的精神。"结合幼儿的发展需要,我们创设了"小士兵训练营"的游戏情境,引导幼儿在"工兵训练营""野战兵训练营""侦探兵训练营"等游戏情境中,发展不同的技能。例如,在"工兵训练营",幼儿用各种轮胎车推拉材料,分工搭建"碉堡""防护墙",用大陀螺训练体能;在"野战兵训练营",幼儿综合运用翻、爬、跑、跳、跨、躲等多种技能,自己搭建障碍设施;在"侦探兵训练营",我们设置了彩线铃铛障碍网,幼儿可以运用各种不同的肢体动作穿越障碍,不可碰到铃铛。

5.创设竞赛、通关的游戏情境

随着年龄的增长,幼儿的竞争意识逐渐增强。特别是中班、大班幼儿,他们对各种事物都有了更深的认识,做游戏喜欢争夺第一。我们在平衡攀爬区设置了"森林探险"情境,引导幼儿运用攀爬器械,自由组合出难易程度不同的探险通关游戏,幼儿可以根据自己的能力自由选择通关路线,最终到达目的地——滑梯。滑梯里面藏有若干幼儿喜欢的小"宝物",幼儿可以探索寻找,获取最终胜利。

6.分组混龄,引发幼儿自主发展

我们鼓励幼儿自由选择、自由结伴开展活动,打破班级的界限,让幼儿有更多机会加入不同群体的活动。我们现在采用的是分组参与和循环交替两种方法保证幼儿有序参与。我们在每个区域均设置了一个展示牌,图文并茂地展示每个区域的活动玩法、注意事项,指导幼儿大胆探索玩法,正确完成动作,增强自信心,使幼儿活动更具针对性,教师指导更具实效性。采取分组混龄的活动方式,让全园不同班级、不同年龄的幼儿一起玩耍,让大哥哥、大姐姐担当设计者、领导者,充分发挥自己的长处。年龄小的幼儿则通过扬长避短的合理分工,不断学习新的经验。不同的玩伴极大地激发了幼儿参与活动的积极性,愉悦的情感伴随整个活动。

四、教师读懂幼儿"小妙招",有效指导促发展

幼儿是活动的主人,幼儿是游戏的主人。在情境性户外活动中,教师"管住手,管住口",通过观察,读懂幼儿"在做什么""为什么这么做",思考"需要我来做什么",有效促进幼儿发展。

1.观察幼儿"在做什么"

观察是教师深入了解幼儿的基本手段。在户外活动中教师要使自己的指导有的放矢,就必须通过观察,了解幼儿动作发展的水平,发现幼儿的需要,从而根据幼儿年龄特点、个别差异等采取相应的措施。比如中班前期玩呼啦圈活动中,我们让幼儿自创玩法。幼儿拿起呼啦圈当"方向盘",玩"开汽车",玩了好长时间,还是在"开汽车",没有充分地利用呼啦圈。显然,幼儿的兴趣点和老师的预设不太一致。观察到这一现象,教师就要及时调整指导方法,如让呼啦圈变成"车轮",在平地上滚,在坡地上滚。有了老师的指导,幼儿的活动一下子新奇起来。

2.解读幼儿"为什么这么做"

当一种活动材料刚出现时,幼儿往往对其很有兴趣,经过一段时间后幼儿对该活动材料兴趣逐渐降低。教师要在观察的基础上解读幼儿"为什么这么做",引导他们在原有基础上进行材料组合运用,不断生成新的玩法,点燃幼儿创造的激情。例如,教师根据班级幼儿的特点,把户外活动的内容设计成一个较为完整的故事,通过生动的故事情节,展开"一物多玩"的活动。再如,把"一物多玩"进行情境化,设计生动有趣的游戏情境,使利用自然材料制作的体育器械都"活"起来,让幼儿不知不觉地进入角色扮演,吸引幼儿的参与兴趣。

3.思考"我要做什么"

教师学会观察的同时,自己也要充分地了解各种材料的特征,思考如何玩、如何教才能在指导时更有针对性。如上述中班幼儿玩呼啦圈的例子中,教师先要了解呼啦圈的各种玩法,在指导时,选择适合中班幼儿的玩法,如将圈滚出去,幼儿快速追回;两人面对面滚圈;看谁抛得高。教师要摆脱经验、习惯,等因素的影响,从更专业的角度对幼儿的户外活动进行理性思考,重新审视自己开展户外活动的过程。

我们还关注家长参与亲子活动。为了更好地家园共育,我们通过不同形式组织家长学习。例如,组织家长听专家的讲座,与专家交流互动;利用QQ群、家长会等向家长进行案例讲解。每个月我们都会开展各种不同形式的亲子活动,邀请家长走进幼儿园,成为幼儿的玩伴。

我园情境性户外活动把技能训练与趣味活动有机结合,让幼儿在情节贯穿、笑声相伴的户外活动中,自由探索游戏材料的多种玩法和健身、自护的方法,体验体育活动所赋予的乐趣,从而达到锻炼身体、提高技能、增强体质的目的,让幼儿尽情地玩出快乐的童年。

多方协同 快乐衔接 正确打开幼小衔接主题

青岛市城阳区顺德居幼儿园 / 傅文选

幼小衔接一直是幼儿园、家庭非常关注的问题。为迎合家长,许多幼儿园会在无奈中出现"小学化"倾向。2016年我们有幸参加了在青岛西海岸新区第一幼儿园举行的"全国学前教育宣传月——幼小协同,科学衔接"活动,华爱华教授和诸多园长、校长、老师、家长们的发言给了我们许多启示。我园开展了"我要上学啦"主题活动,并积累了一些经验。

一、以课题研究的思路开展幼小衔接

(一)家长的质疑,引发主题实施策略由"内秀"变"外放"

在设置主题目标时,我园教师提前向小学教师了解小学阶段儿童的行为习惯、心理特点以及小学的教育目标、要求、方法等,结合大班幼儿年龄特点设置自己的教育目标。我们将"小学怎么样"作为第一个子主题,让幼儿带着"发现问题、找到答案"的目标去参观小学。幼儿有了对小学的认识后,我们开展了第二个子主题"学做小学生",进一步让幼儿了解怎样做才能成为一名合格的小学生。我们开展的第三个子主题活动"小学我来了",则让幼儿再次走进小学,更全面地、深入地了解小学生活,激发幼儿的入学愿望。在对2017届毕业生适学情况调查中我们发现如下情况。

(1)一年级教师反馈情况:大部分孩子的适应情况较好,但在握笔姿势、规矩意识方面需要加强,最好能够多认汉字。

(2)家长反馈情况:大部分家长表示孩子适应得很好,我园的课程实施成效好;但也有相当一部分家长表示,私立园拼音、汉字、数学等知识教得比我园多,我们的孩子在一开始学习比较吃力。

因此,我们调整了课程实施策略,向家长发放幼小衔接问卷调查表,了解家长对幼小衔接的认知和想法,下面是问卷调查结果。

（1）关于家长对幼小衔接的认识，多数家长认为幼小衔接是幼儿园、小学、家长三方面共同的责任。个别家长认为，幼小衔接是幼儿园单方面的责任。可以看出大部分家长对幼小衔接责任方面的认识是比较清晰的，小部分家长了解不是很全面，寄希望于幼儿园。

（2）关于家长对幼小衔接的参与，现在有部分家长对英语、语文、数学、艺术、拼音等方面的内容比较热衷，重视知识，而轻视能力和习惯养成。这样很容易就造成"小学化"的问题，违背了幼儿身心发展规律，致使幼儿对小学生活丧失兴趣。

（3）关于家长对幼小衔接的评价，大多数家长对幼小衔接十分重视，说明现在的家长意识到幼小衔接对孩子是有帮助的，可以让孩子更好地适应新的环境和学习生活。但是，很少有幼小衔接班得到家长认可，这也是幼儿园"小学化"出现问题的根源。

针对家长的困惑，我们将"幼小衔接"专题教育活动分为两步。第一步从幼儿园角度开展了"幼小协同，科学衔接"的专题讲座，让家长了解在幼小衔接中出现的一些问题以及应对策略。第二步邀请小学一年级教师进行专题讲座，从小学角度帮助家长了解怎样做好"幼小衔接"工作，如何更好地和小学教育进行衔接，帮助幼儿、家长缓解入学焦虑。两步走的方式，让家长了解了幼儿园、小学、家长在幼小衔接工作上应该做的工作，让家长目标更加明确，措施更加具体，与幼儿园配合更加紧密。

（二）微调教学内容，让幼儿快乐地学习

小学与幼儿园的学习生活有较大差别，幼儿的自控力和任务意识较弱。而"模仿"是幼儿对感兴趣事物的一种表现形式，当幼儿参观了小学，对上小学有了浓厚的兴趣后，"小老师""小课堂""小黑板"等与小学生密切相关的事物不仅是幼儿迫切需要的游戏支持，也是提升幼儿各项能力的良好契机。因此，我们及时地调整教室活动区的布局和材料提供，与幼儿共同建设了"小课堂"："数学小课堂"——做做10以内的加减法题；"语文小课堂"——读读古诗，比比谁认字多；"美术小课堂"——画画好朋友、做做黑板报。

在模仿、相互学习游戏的过程中幼儿对小学生的日常学习生活有了切实的体验，并在学会课堂礼仪的同时提升了自控力，"做一名合格小学生"的信心也足足的。同时，老师在实施课程时，会细致地关注幼儿的坐姿、握笔姿势等，并设计社会活动"任务小能手"，帮助幼儿养成良好的倾听习惯、记事能力、任务意识，加强"早期阅读""亲子共读"的活动引导，让幼儿在自己喜欢的情境下认识喜欢的汉字，为上小学做好准备。

（三）发挥共同体效应，真正实现无缝衔接

我园在实施幼小衔接工作中有个非常便利的条件，我园与衔接对象——城阳区第二实验小学相隔仅200米。因此，我们可以根据幼儿的需要多次走进小学，为幼儿的"细致大调查"提供最为便利的支持，就连教师之间的研讨也非常便利，堪称"无缝衔接"。

二、对主题活动的调整

（一）教学内容以"适"为旨

我们对幼小衔接主题活动去芜存精，力求所有的教育内容都是适合幼儿的。例如，美术活动"入学通行证"，与幼儿的生活经验贴切度不高，幼儿就不感兴趣，在修订课程时我们选择了美术活动"我们上学去"进行"等价目标"替换。此活动调动了幼儿活动的积极性，让幼儿从内心表达对学校生活的向往和喜爱。

因为小学每天的课时比较多，涉及的学科也很多，因此我们设置"课程表用处大"这个活动，让幼儿通过观察、交流、动手操作等方式，懂得并且会看课程表，学会做好课前准备，知道如何有计划地带好每天所需的课本，减轻小书包的重量。让幼儿由此做好心理建设：上了小学可以学好多不一样的知识，懂得许多好玩事情。

（二）主题进入时间以"活"为要

以往的幼小衔接主题一般会在5—6月展开，幼儿参观小学的一些活动容易和小学一些考试、观摩相冲突。一年级的教师在此时的工作密度也较高，很难保证活动质量。我们与小学教师进行了深入的沟通，决定将主题开展时间提前到每年的3—4月，与小学密切联系，灵活确定参观时间。如此安排，可以给幼儿和家长留有更为充裕的时间做好幼小衔接活动。两年的实践证明，我们的时间调整是适宜的，幼儿和家长对于幼小衔接这项工作也能更加理智，不慌乱了。

（三）活动区设置以"近"为主

在进行主题环境创设时，我们会对几个重点区域创设尽可能地再现和贴近幼儿的生活实际，从而更好地深入开展主题活动。例如，社会性区域"小课堂"中，幼儿就将参观小学时与哥哥、姐姐同上一节课的情境进行了再现，在模拟、再现的过程中更好地明晰小学生上课规则。"轮流小班长"是幼儿争相体验的角色，在"小班长"角色的感召下，幼儿的语言表达和沟通、解决问题的能力也得到了很好地锻炼。

（四）单向课程变双向

我们的教师在实施衔接课程时，会细致地关注幼儿的坐姿、握笔姿势、快乐识字等，不断地修订课程内容。在积极互动的过程中，小学老师也开始以游戏的方法开展小组教学，并专门研发了自己的幼小衔接课程，从而实现了课程实施的双向性。幼儿在初入学时，教师不进行书本内容的传授，而是让幼儿学习一些轻松、有趣的衔接课程，衔接时间也从原来的一周变为两周乃至三周，给孩子们更充裕的时间逐渐适应，让他们爱上小学生活。

三、承前启后，把对的事情坚持下去

"我要上学啦"这个主题活动我们实施了三年，该活动对于大班的幼儿而言真的是他们的"入学必需品"，幼儿都能够积极地、兴趣浓厚地参与活动。在每一年的主题课程修订和完善时，我们都会以每年的主题实施评价和追踪调查为依据，在教学活动内容选择、活动区环境创设与指导家长工作等多方面进行精雕细琢。对2019年我园幼小衔接活动调查分析结果如下。

（1）带幼儿多次参观小学大环境、进入小学课堂，让幼儿和一年级哥哥、姐姐同上一节课，给幼儿提供了很大的帮助，他们非常向往小学生活，也提前有了各种心理准备。

（2）有针对性地分次幼小衔接讲座，让家长更加细致地提前了解幼小衔接需要做的各项准备。

（3）班级的"小班长"活动给幼儿带来了自信，增强其责任感。"我来讲绘本""爸爸电台""古诗小达人""字的演变过程"等活动，帮幼儿提高语言表达、认字等能力。

（4）课程更加优化，比如科学领域课程的游戏化衔接和过渡，给小学的数学课提供了基础。

我们的教育就是要培养优秀的中国特色社会主义的建设者和接班人，"幼小协同，科学衔接"也是我们一直在努力实现的目标。今后，我园会继续做好跟踪式的调查研究，不断调整幼小衔接课程内容和实施方式，细致做好幼小衔接工作，为幼儿的顺利过渡和健康成长贡献力量。

家园合作篇

家园携手共育　用游戏点亮快乐童年

青岛市城阳区顺德居幼儿园 / 张红杰

新《幼儿园工作规程》指出："幼儿园应当主动与幼儿家庭沟通合作，认真分析、吸收家长对幼儿园教育与管理工作的意见与建议。"《青岛市幼儿园素质教育指导纲要》指出："家庭是幼儿园重要的合作伙伴，应本着尊重、平等、合作的原则，争取家长的理解、支持和主动参与，并积极支持、帮助家长提高教育能力。"该文件对于家长在幼儿教育中的角色有了一个全新的定位——由原来的被动参与者转变为幼儿活动的参与者、支持者、合作者。现在家长对幼儿教育的关注度越来越高，有效地引入和应用家长资源无论对课程实施还是班级管理都起到举足轻重的作用。我园秉承"让幼儿在快乐中健康成长，在游戏中自主发展"的理念，合理开发和利用家长资源，通过更新观念、转换角色赢得家长信任和理解、建立阳光家长资源库等有效途径，让家长成为幼儿园"最志同道合的同事"，家园携手共育，形成强大合力，为幼儿点亮快乐童年。

一、家园携手共育现状解读

我园是区局属幼儿园，幼儿家长来自各行各业，其中不乏企事业单位员工、各大高校教师。家长学历普遍偏高，有本科及本科以上学历者居多，可谓人才济济。丰厚的家长资源作为幼儿园宝贵的优势，有效缓解了幼儿园在某些方面资源匮乏的尴尬。但是在实际工作过程中我们发现有效利用丰富的家长资源困难重重。年轻家长们的知识水平不同，教育观念不同，对老师的教育方法和班级管理方法有不同的理解和看法，大家都认为自己的育儿方法是最佳的；家园合作共育内容单一，表面化，合作过程中教师起主导作用，家长被动。

二、概念界定

家园，即家庭与幼儿园的简称。

家长资源，是指家长有可能对孩子产生的教育功能资源。

家园共育，是指幼儿园和家庭都把自己当作促进幼儿发展的主体，双方积极、主动地相互支持，密切配合，通过双向互动，共同促进幼儿素质的全面提高。

家长资源库，是在园本课程建构、实施及评价过程中，对全园家长资源（包括显性的和隐性的）挖掘、整理、分类、整合，形成全园共享、随时更新的家长信息系统。

三、家园携手探究，奏响共育四部曲

我园通过奏响家园携手共育"四部曲"，使幼儿园与家庭建立了一种合作、互补的关系。在双向互动中，重视家长教育资源的挖掘，唤醒家长的主体教育意识，转变其观念，提升其教养水平。通过家园携手共育，让幼儿尽享游戏童年。

（一）培训指导先行，奏响"共育前奏曲"

为了让幼儿园和家庭二者形成合力，必须要转变教师和家长的教育观念，夯实"共育"基础。

首先，通过理论培训开阔教师思路，提高教师开发家长资源的意识，引导教师以开放的眼光挖掘家长的两大资源优势——职业优势和个性优势。家长的职业是幼儿认识社会的一扇窗口，能为幼儿园教育教学提供多种支持和服务，利用家长的职业优势来配合幼儿园教育教学活动能产生倍增效应。不同的家长有不同的兴趣爱好，如果将这些家长的个性优势资源整合到教育活动中，能取得意想不到的效果。

其次，组织教师边学习边实践，将常态化的家长工作更加规范化、细致化。比如我们建立家长工作制度，将家长工作列入日常评价、考核中，真正使家长工作规范化、制度化；教师利用入离园接待时间，和家长亲切沟通育儿经验，在沟通过程中及时小结与反思。

除此之外，我们还针对家长教育孩子过程中出现的困惑，开展主题家长学校讲座、主题家长沙龙、主题家长会等，转变家长重智力轻能力、重秩序轻个性等教育观念，增强家长的配合意识与沟通意识。我园通过问卷调查的形式，了解不同级部家长的需求，进行"主题菜单式"家校活动。如在小班级部开展"家有萌宝初入园"的专题系列活动，在中班级部开展"阅润童心，书香家园"的主题讲座，在大班级部开展"家有宝贝要入学"的主题沙龙。家长们听讲座,分享自己的教育心得。家长间教育经验的分享更能引发大家的教育共鸣,达到更好的教育效果。

(二)建立"阳光家长资源库",奏响"共育领唱曲"

根据我园家园共育的发展方向和需要,我们有侧重点地设计了适合我园家长的资源统计表,力争邀请每一位家长参与幼儿园教育。针对当下二胎政策开放,许多年轻家长再次生育,对幼儿园活动参与力不从心的现象,我们特意设计了爷爷、奶奶板块,邀请有一技之长和有闲暇时间的"四老"们也加入我们的家长资源库。调查表内容涉及家长的物质资源、人力资源和文化资源,具体包括家长的个人背景、爱好、特长、可共享的资源以及对幼儿园现开设的特色活动感兴趣的内容。

通过调查,幼儿园对家长和其背后的各种资源有了较全面的认识,我们将其分为"阳光安全小卫士""阳光午餐""阳光助教""美劳巧手""特色活动室"五大类十个小组。每个小组均由来自不同班级的家长们组成,由大家民主推选的家长代表担任小组组长,带领大家履行各自的义务。

(三)互动参与加温,奏响"共育交响曲"

(1)我们首先改革了家长委员会的管理制度,推出了参与式家长委员会制度。每学期初各班的家长经自荐和集体推荐两种形式选出班级家长委员会成员。每班上学期的家长委员会成员数量占班级家长总数的1/3,下学期家长委员会成员数量占班级家长总数的1/2。家长委员会成员根据特长分工,各尽其职,真正发挥家长委员会的功能,为幼儿园的发展献计献策。比如,他们会参与幼儿园"三大工程"等重大事情的决策;定期进园进行校园安全和食品安全大检查,对食谱改良提出自己的意见和建议;出任幼儿园"早操评比""我是小画家"等活动的评委;策划和组织班级特色活动、亲子采摘活动,等等。

(2)在"阳光家长资源库"的基础上,我们充分挖掘家长的隐性和显性资源,将其纳入幼儿园课程,让不同职业、不同专长的家长走进幼儿园课堂,让家长真正成为幼儿园工作的支持者与合作者。每学年的上学期,我们会通过发放调查表的形式,邀请有意愿参与幼儿活动的家长参与幼儿园"阳光家长资源库"志愿者活动。家长参与幼儿园各类活动的积极性和目的性明显提高。

活动一:每天早晚各一次的"阳光安全小卫士"活动,为幼儿的安全保驾护航。每天的入离园时间,分别有两名家长在园门口和门卫、教师一起执勤,鼓励哭闹的孩子自己独立走入幼儿园;鼓励小班的孩子自己的被褥自己拿……无论严寒还是酷暑,他们总是在为幼儿安全添砖加瓦。

活动二：每天一次的"阳光午餐志愿者"，请家长监督幼儿食品安全。每天我们会邀请两名家长入园，全程监督午餐从出锅到进入幼儿口中的全过程，和幼儿共用午餐，对菜品、卫生安全等进行全面评价和反馈。我们经常会听到试餐的家长赞扬："难怪孩子回家总会说幼儿园的饭菜好吃，确实好。不仅营养丰富，还色香味俱全。"我们每周还会邀请两名家长进厨房帮厨，对食材的验收、入库、加工等环节进行全程监督。帮厨的家长首要去相关单位体检，再持证进入厨房。他们通过亲自参与，全方位监督幼儿园的食品安全。此项活动的开展不仅得到了妈妈、奶奶们的大力支持，也经常会看到爸爸们在厨房认真而忙碌的身影。帮厨不仅让家长对幼儿园的饮食安全更加放心，更加激发起他们对厨房工作人员劳动的尊重。

活动三：节日或主题活动中"美劳巧手"活动。每逢节日或在主题活动开展时，家长就会和教师一起商讨环境创设的相关细节，并组织幼儿实施。每到这时，不仅幼儿是活动的主人，家长也感觉自己的主人翁精神油然而生。每逢中国传统节日，他们还会和幼儿一起制作各种节日食品，与社区的人们分享，共同感受节日的快乐。如到小年、元宵节，奶奶、姥姥们发挥自己的优势，和幼儿一起做枣饽饽、枣山、神虫、面灯等；农历二月初二，制作面豆、炒豆等；端午节包粽子，做五彩绳；一年一度的"爱心义卖"活动中，班级摊位的策划、工具的准备、捐款、爱心款的管理等环节，均由家长和教师共同策划完成。

活动四：每周五下午的"家长助教"活动。根据家长的不同职业优势，各班教师结合主题活动提前安排助教时间表，家长备课，准备教具。他们组织的健康活动"爱护牙齿"、社会活动"便衣警察""节假日不休息的人"、美术活动"海底世界"等生动有趣，深得幼儿喜爱。"家长助教"活动不仅丰富了幼儿园的教学内容，让幼儿多了一份惊喜和收获，同时也让家长亲身体验和认识了教师的工作，知道其中的艰辛，从而激起他们内心对教师的敬佩。也正是因为有了家长助教的参与，幼儿的眼界也更加开阔，他们亲身体验了在显微镜下看昆虫的奥妙等。

活动五：家长各显神通，参与每周一天的"特色活动"。结合家长的各种爱好、特长，我们有效地将家长资源库和特色活动室结合起来，吸纳家长参与我们的"美术特色活动室""科学发现活动室""棋艺室""图书室"等特色活动。由家长们根据活动室课程安排，提前备课，组织幼儿一天的特色活动，由教师为其助教。由于家长资源丰富，活动形式多样，经常活动结束了，幼儿还意犹未尽地说："我还想玩！"同时，我们还发挥男家长的优势，先后创设了"足球达人""篮球宝贝"两大特色活动，由爸爸们负责组织幼儿射门、投篮。爸爸们口令简单，语言干脆利落，举手投足间透出的动作专业性给幼儿一种别样的感觉，爸爸们参与特色活动有效解决了幼儿园男教师匮乏的问题。

（四）丰富成长载体，奏响"共育协奏曲"

每当主题课程修订时，我们都会邀请家长代表参与，从家长的角度对课程的修订和操作提出合理化建议。学期结束时，我们邀请家长入园对课程的实施进行客观评价，我们及时分析小结，调整策略。

我们会组织幼儿"健康远足""亲子运动会""我的节日我做主""家园同乐庆元旦"等亲子嘉年华活动。如"第五届庆六一亲子嘉年华"，我们在原有基础上进行亲子游戏大调查，了解家长对以往游戏的喜爱程度，将室内外27个亲子游戏进行调整，让其更加具有趣味性，使每个游戏都集娱乐、趣味、竞技为一体，得到了家长和幼儿的一致好评。

为了加强幼儿参与社会活动的密度，我们尝试打开园门，开展形式多样的亲子活动，为幼儿与家长、教师与家长、家长与家长之间架起沟通的桥梁。比如，我们会根据季节，让家长组织幼儿摘草莓、摘樱桃、收地瓜、拔萝卜等；根据当地民俗活动让家长组织幼儿去红岛挖蛤蜊、捉螃蟹等；根据主题活动让家长组织幼儿参观机器人科技馆、风车小镇、农业大学等。对每次活动家长们都会制定详细的活动计划和安全预案，交通工具的选择、路线的制定、场地的安排等全由家长负责。

目前，我园每个小组的活动都有一套活动方案，包括时间安排、活动计划、活动目标、活动组织与实施。这套方案最初由我们幼儿园的教师制定，有了丰富的家长资源后，每到学期初和学期中，我们都会组织家长委员会及小组组长们对活动方案进行修订和完善。现在我园已初步形成第二套较为完善的六大特色活动室活动方案。

我园还定期开展"万名教师访万家"。教师对家长讲述幼儿在园中的学习和生活情况，了解幼儿在家中的生活情况，对幼儿全面地认识和评价。该活动不管是对老师还是对家长，都提供了重要的教育参数和努力方向，真真正正达到家园共育的效果。

家园携手，共赢未来。在以后的工作中，我们还会继续探索，期望更多有智慧、有能力的家长参与幼儿教育，家园携手共育，用游戏点亮幼儿的快乐童年！